La contagion du cœur

Du même auteur
aux Éditions J'ai lu

VA PAR OÙ TU NE SAIS PAS...
N° 12764

LAURENCE
DE LA BAUME

La contagion du cœur

Une enquête entre science, sagesses et expériences vécues

J'AI LU

Tout ce qui est nouveau
doit se battre pour être reconnu.
Le premier réflexe de l'esprit humain est le rejet.

Sagesse orientale

L'amour n'est pas un sentiment.
C'est la substance même de la création.

Christiane SINGER

Laissez la beauté de ce que vous aimez
devenir ce que vous faites...

Rûmi

À Gabrielle…

À mes parents, mes filles
et à la mémoire de leur père,

À Jean-Marie,

À la mémoire de Satprem…

PREMIÈRE PARTIE

L'intuition du cœur : une évidence à démontrer...

Chapitre 1

Paris, 1996...

Ce jour-là, le ciel est bercé de rose, de nappes plus claires, transparentes, lisses comme la peau d'un nouveau-né. Sa douceur est partout tel le chant d'une mère à son enfant, une onde soyeuse distillant sa paix.

Malgré l'heure matinale, quelque chose me dit que je ne devrais pas la déranger.

Toute la beauté du monde est là, vigilante au-dessus des toits.

Plusieurs secondes s'écoulent. Des volutes blanches filent doucement, défiant parfois le soleil. L'ardoise prend des tons argentés. De vrais signaux de scouts.

Ce que j'ai à lui dire peut paraître délirant : il y a un fol espoir dans ce monde malgré toutes ses noirceurs. Il passe par le cœur. Le cœur sous toutes ses formes, organiques, psychiques, transcendantes. C'est le détonateur d'un monde nouveau. Les temps à venir le préparent. Alors, ouvrons-le, comme si l'on cherchait une fréquence radio. Laissons-le parler. Et surtout, écoutons ce qu'il a à nous dire.

Nous n'avons plus le choix. Nous n'avons plus le temps.

Cette possibilité oscille, pulse au-dessus des toits dans cette beauté qui éclabousse l'indifférence générale.

Je ne lui demande qu'une chose, que cette probabilité maintienne une tension suffisante pour nous guider jusqu'au bout.

La sonnerie se prolonge. L'urgence rend les mains moites. Petit déclic à l'autre bout et voilà que ce timbre chaud qui enveloppe ma vie depuis toujours, fait trembler ma voix !

— N'ayez plus peur de la mort ma douce ! Plus jamais !

Petit rire sur les ondes. Les nuages poursuivent leur chemin sans rien voir ni entendre. Le ciel est ailleurs.

Bien sûr ! J'avais oublié ! Elle ne peut pas s'en étonner, pas elle ! Mon cœur augmente. Aujourd'hui, c'est différent ! C'est lui qui ordonne, pousse, passe avant tout ! Ses battements emplissent la cage thoracique, écartent les poumons, font résonner la tête, le cou, le corps tout entier.

Personne ne peut te croire ! souffle une voix intérieure, *c'est ton expérience. Personne ne se trouve à l'intérieur de ta conscience, ni dans celle de l'autre. Nos conditionnements nous en empêchent…*

N'écoute pas ! martèle mon ventricule gauche, tambourinant cette injonction.

N'ÉCOUTE PAS !

— Tu sais bien que je n'ai jamais eu peur de la mort… dit ma mère.

— Il ne s'agit pas de ça ! Pas de ce que disent les religions, c'est bien plus intéressant, bien plus vaste…

La suite se perd dans l'immensité de l'émotion, tournoie, ressurgit, se faufile comme un ruisseau entre les pierres, puis se tarit.

C'est trop. Ça ne s'explique pas.

Je reviens d'un pays où les mots n'existent pas, où les mots sont des forces comme des courants électriques. Je reviens d'un pays dépourvu de corps, où les particules sont atomes, électrons, photons, un pays où l'énergie du vide remplit tout l'espace, où elle est active, pousse, nourrit quelque chose.

Où cette ardeur est entrée pour ne plus jamais sortir.

À présent, tout est bouleversé. Un chaman aborigène m'a envoyé l'expérience, la nuit même, à deux heures du matin[1]. Je l'avais interviewé

1. Cette expérience est décrite dans *Va par où tu ne sais pas* de Laurence de La Baume (Massot Éditions, 2018 ; J'ai lu, 2019. Prix Alef 2019) : à la suite d'une *expérience de décorporation*, induite par l'écrivain et chaman aborigène Mudrooroo – auteur du livre *Le Maître du Rêve-fantôme*, éditions de l'Aube, 1996 –, l'autrice va entamer une quête spirituelle, doublée d'une enquête scientifique qui durera plus de quinze ans. Elle nous fera découvrir notamment la résonance inédite entre une « décorporation », une NDE ou EMI (expérience de mort imminente) et certaines lois de la physique quantique comme la « non-localité », l'intrication et l'influence de l'observateur sur l'objet de l'observation.

l'après-midi. Mon cœur avait ouvert la porte. Il m'avait montré cet « *homme des origines* », cette *Source* vêtue d'un corps qui nous parlait de son attachement à la terre comme d'un cordon ombilical à une Mère nourricière. Il avait tant de choses à nous dire, tant à nous apprendre, à nous, Français, nous, Occidentaux, que je nous avais sentis comme des gamins de cinq ans, comparés à ces peuples. Sa gentillesse aussi, incitait à se taire et à l'écouter.

Je me suis tue. Il m'a menée de l'autre côté du miroir cette nuit-là, alors qu'il contactait ses ancêtres. Soudain, je me suis sentie catapultée hors de mon corps, découvrant une autre réalité, un espace sans limite, lumineux, bienfaisant, immuable. Un *absolu* a reprogrammé ma *disquette* subtilement. Par disquette, j'entends ce logiciel qui nous fait voir, sentir, toucher, entendre ce qui est à l'extérieur comme séparé de nous, ce moteur qui nous fait raisonner toujours de la même manière, brassant les mêmes informations, les mêmes logiques.

Je sais que cela peut paraître fou, mais depuis que j'ai rouvert les yeux, tout se précipite par le cœur : le ciel, les nuages, les toits, les odeurs, les gens avec leurs carapaces noires comme de gros insectes, leurs ruées vers nulle part, leur vide intérieur, leurs dépressions et leurs désespoirs.

C'est ça que je devrais dire à ma mère. Qu'il n'y a pas de différence entre ce ciel et ces toits. Ni entre elle et moi. Partout, il y a quelque chose d'intime, de profondément amoureux qui circule à travers ce petit bout de chair et ses pulsions minuscules. Mais on le comprime, on l'ignore, on le met à l'écart, on l'abîme !

Au lieu de cela, c'est le même mot qui ressurgit comme un sésame.

— La mort n'existe pas. C'est un malentendu ! Vous m'entendez ?

— Oui, répond-elle avec ce calme, ce « oui » qui ouvre tout.

Chapitre 2

Ma mère est née dans le sillage de la Première Guerre mondiale ; elle avait vingt ans lors de la Seconde. Elle a soigné les grands brûlés, souffert de la faim, de l'absurdité de la guerre. Pourtant, c'est son sourire qu'on remarque en premier. Il vient de très loin, retrousse ses traits, distribue partout sa lumière.

Ce sourire est tout ce qui reste d'elle. Tout ce qui reste de la grandeur d'un être, parmi les autres. Le visage du cœur quand c'est lui qui gouverne. L'essence de *ce qu'il Est*.

Ce fut aussi ce signe qui m'avait donné l'envie de lire Mudrooroo, puis de l'interviewer. Son sourire irriguait son visage d'une source claire, simple comme un enfant.

J'aurais pu lui parler de cet homme extraordinaire, de cette force contagieuse qui traversait son cœur et que je recevais cinq sur cinq lorsqu'il parlait à ses ancêtres au point de m'envoyer de l'autre côté du corps, mais c'est le mot « mort » qui avait jailli.

Peut-être est-ce parce que ma mère parlait de sa mort sans peur ? Que j'anticipais ce jour où son précieux organe ne serait plus qu'une outre desséchée dans sa poitrine ?

Ou encore, simplement parce que le cœur et la mort sont irrémédiablement liés, comme le cœur et la naissance ?

Ma mère va à la messe tous les dimanches. Quand je l'y rejoins parfois, pour lui faire plaisir, elle me prend la main et la tient serrée jusqu'à la fin de la cérémonie. On dirait que nos énergies s'unissent. Que nous ne faisons plus qu'une. Que c'est ce message qu'elle veut me faire passer.

L'empreinte de sa paume est gravée dans la mienne pour toujours. Son sourire est en moi, comme un écho…

Sa foi est intense, chaude comme un geyser de montagne. On aimerait s'y baigner. C'est sans doute pour cela que je questionne la science… La foi comme la science sont fondées sur l'expérience.

Mais la différence avec sa génération de croyants ou d'athées, ou celle de mes grands-parents et des deux guerres mondiales, c'est qu'aujourd'hui, cette science nous apprend que la foi, c'est de l'information, et qu'il y a de l'information, pas seulement dans l'esprit, le mental ou le cœur humain, pas seulement dans nos ordinateurs ou dans les journaux, que l'information est partout, distribuée par la Nature, à tous les niveaux.

C'est une information subtile bien sûr, quelque chose d'actif et de réactif dans l'espace, une résonance que nous ne voyons ni ne sentons, mais qui vibre, transmettant subtilement ses fréquences…

La foi de ma mère est de cet ordre. Mais elle l'ignore et ne s'en préoccupe pas. Elle est là, voilà tout.

Sans doute sent-elle que cette information passe essentiellement par le cœur, qu'il est même le portail vers une conscience plus haute qui nous relie à tout ? Mais elle s'obstinerait à l'appeler *Dieu*, sans peut-être très bien admettre qu'il y ait désormais d'autres noms pour désigner cette dimension pacifiante, englobante et intégrative, tel un grand panier où chaque élément, chaque denrée serait utile à l'autre et collaborerait pour créer le meilleur plat possible, la saveur la plus harmonieuse.

On aurait pu lui citer en vrac le *cosmos*, la *conscience divine* ou *universelle*, à la place de *Dieu*, peu importe… Qui sait si elle aurait immédiatement fait le rapprochement entre cette information qui traverse nos corps et influence nos cellules comme le bon repas que je viens de décrire et sa représentation de *Dieu* ?

— Pourquoi veux-tu toujours tout expliquer, m'aurait-elle fait remarquer, tout chercher à comprendre ?

C'est là que nos générations pointent leur différence. Depuis ces vingt dernières années, la science est venue s'immiscer dans nos vies, avec des découvertes qui peuvent tout changer. Les ignorer revient à se cacher les yeux d'une main pour ne voir qu'un seul aspect des choses.

Aurait-elle, par exemple, pu soupçonner qu'à cause de l'impact de cette information subtile, nous pourrions ne plus être esclaves de nos gènes ni de comportements destructeurs ? Que nous pouvons évoluer à chaque seconde, dans la créativité de l'instant, curieux de tout ? Que les autres font partie de nous et que ce qui arrive à l'un, à l'autre bout de la planète, a une incidence quelque part en nous, déclenchant *un événement*, comme disent les scientifiques, dans l'immense marée d'indifférence et d'ignorance dans laquelle nous baignons ?

Irait-elle jusqu'à accepter l'idée qu'on pourrait supprimer les guerres, définitivement ? Mais que, sans l'allumage de ce cœur, toute notre espèce disparaîtra...

Elle tend l'oreille avec sa gentillesse habituelle. Je la sens acceptant d'avance ce qui va surgir, sans jugement, juste ce qu'il faut de cette intimité respectueuse qu'elle a pour elle-même et qu'elle me transmet.

Alors je m'élance avec les mots qui ne la choqueront pas, mais qui ne diront pas tout à fait les choses.

— Toutes ces postures, ces échafaudages d'hommes ne sont plus nécessaires, ma douce. Le ciel est entré en eux... Je crois qu'on peut le dire comme ça.

La vérité, c'est que la nuit même, quelque chose qui nous unit tous m'a aspirée dans une lumière sans fin. Je m'y suis fondue comme une note de musique choisissant l'harmonie, car nous sommes les sons d'une immense partition. J'avais le choix. Nous l'avons tous : entrer en résonance ou en dissonance avec cette musique.

Mais je ne savais pas encore qu'il me faudrait tant d'années pour rendre ce message intelligible…

Chapitre 3

Paris, novembre 2019…

Lorsque l'*âme* gouverne le cœur, il n'y a plus qu'à se laisser guider. Les coïncidences pleines de sens s'accumulent comme des balises en mer. Le temps n'importe plus. C'est la « météo » qui compte. Et l'attention qu'on porte à ces signaux. Une certaine attention, juste différente, qui accroche certains détails pour ne plus les quitter. Le cœur les règle avec son cabestan. La volonté se tend et ne les lâchera plus.

Vingt-cinq ans viennent de s'écouler. Sur ma route, quatre livres[1], quelques films et des rencontres essentielles…

Un soir, un documentaire, *Thanatos, l'ultime passage*[2] *?*, me replonge brusquement dans le passé.

---

1. *Va par où tu ne sais pas, op. cit.*, *Le Secret de l'Eden* avec J.-L. Tixier (éditions Gaussen, 2019), *Satprem, L'homme de l'espoir* (Oxus, 2003) et *Conversation contrôlée,* sous le pseudo de Sybille Ariège (La Table ronde, 1985).

2. *Thanatos, l'ultime passage* de Pierre Barnérias.

Il traite des NDE, ces *expériences de mort imminente*. Ma propre *décorporation* n'est pas loin. Ce film projeté dans l'immense salle du Rex est un événement exceptionnel vu la rareté de ce genre de sujet au cinéma et le peu d'intérêt médiatique qu'il suscite. On peut aussi ajouter les réserves qu'un certain public entretient avec les phénomènes paranormaux, réserves parfois justifiées, j'en conviens.

Dans cette œuvre cinématographique, Martine, une amie proche, témoigne avec une vérité poignante de l'expérience de mort imminente (EMI ou NDE, *Near Death Experience*) qui a bouleversé sa vie. Nos ressentis assez voisins et leurs conséquences sur nos vies nous ont rendues *presque sœurs*. La salle est comble. Plus de mille personnes s'entassent, dont certaines, assies sur les marches.

Sur l'écran défilent des récits intimes, souvent bouleversants, et des avis de spécialistes…

Soudain, le visage d'un homme apparaît. Il provoque un ébahissement, puis une joie enfantine. Une double fenêtre s'ouvre : 2007-2019… Encore une synchronicité !

Ce terme de « synchronicité » avait tout à coup surgi dans l'esprit de Jung lorsqu'un scarabée de couleur dorée était apparu sur le rebord de sa fenêtre, juste après que sa patiente lui eut annoncé qu'elle s'était guérie à la suite d'un rêve où elle avait aperçu un scarabée d'or…

En langage scientifique, on parlait de *phénomène acausal* (l'occurrence simultanée d'au moins deux phénomènes sans aucun lien de causalité).

L'apparition de cet homme est de cet ordre, cela ne fait aucun doute. Mais ce que j'ignore encore, c'est qu'elle va faire ressurgir un élément complètement occulté...

— À part quelques cheveux blancs, il n'a pas changé ! me dis-je. Il a toujours ce visage franc au regard très doux et ce léger sourire qui ne le quitte jamais.

Le cardiologue Pim van Lommel fait partie des scientifiques qui laissent une empreinte dans la mémoire, car il porte un message plus haut que lui-même.

Tout en lui en témoigne, humilité, bienveillance, ouverture...

Il sait que ces expériences de NDE marquent le début d'une recherche qui va nous mener vers la découverte d'une *conscience illimitée et « non locale*[1] ». C'est-à-dire qui n'appartient pas à notre espace-temps et ne se trouve pas dans le corps, j'y reviendrai plus tard. Il l'avait appelé *Endless consciousness*[2] dans un livre qui deviendrait un best-seller en Hollande, quelques années plus tard.

Il ne débarque pas aujourd'hui dans ta vie pour rien... me souffle de nouveau la même intuition.

À cet instant, ce n'est pas ce qu'il dit à l'écran, mais ses mots de l'époque qui me reviennent en mémoire...

---

1. « Non locale » se réfère à une loi quantique appelée « non-localité », j'y reviendrai plus tard.

2. Traduit en français par *Mort ou pas ? Les dernières découvertes médicales sur les EMI*, Pim van Lommel, InterÉditions, 2012.

Je venais de lui décrire l'étrange *décorporation* que j'avais vécue, induite par ce chaman. Pim l'avait immédiatement associée à une expérience de mort imminente :

— Il s'agit d'une mémoire qui a retenu tous les aspects d'une conscience très singulière[1], m'avait-il dit.

Mémoire… Conscience très singulière… Ces termes avaient résonné dans mon cœur comme un sésame. J'avais senti leur familiarité immédiate.

Il s'agissait sûrement de cette *conscience éternelle* dont il parlait dans son livre…

Blottie dans mon fauteuil parmi cette foule anonyme, à présent j'ai la conviction intime que, depuis vingt-quatre ans, quelque chose qu'on pourrait appeler comme cela, s'est infusé dans chaque pensée, chaque acte de ma vie, comme l'eau faisant gonfler la graine. Le réel s'est élargi et, avec lui, toutes les perspectives.

J'ai pu constater que, lorsqu'on regarde le monde à partir de cette *hauteur-là*, les choses se passent très naturellement, un peu comme si tout était réglé d'avance, que l'*univers* envoyait exactement ce que nos intentions lui suggéraient, à un moment précis connu de *lui* seul. Cette certitude apaise ceux qui y prêtent attention, car l'expérience qu'ils en font leur permet d'absorber cette confiance aveugle en un *ordre supérieur*, un *principe évolutif et nourrissant*.

---

1. « *An NDE is the reported memory of all aspects of a very special consciousness* », Pim van Lommel, entretiens avec Laurence de La Baume, L&L médias, 2007.

Cela peut étonner plus d'un Occidental en cette heure de désacralisation généralisée. Les Orientaux, eux, le vivent depuis des millénaires.

Mais mon but n'est pas de convaincre, seulement d'exprimer quelque chose qui me paraît essentiel dans les limites de ma propre expérience.

À peine étais-je sortie de ces pensées, que les mots de Pim rallument une charge singulière. Leurs fréquences provoquent une émotion qui fait réapparaître la dimension lumineuse dans laquelle j'ai baigné, pacifiante comme une mer lisse et caressante, un poumon nourrissant d'or blanc la moindre particule, le plus petit atome.

Il a raison ! Il s'agit bien de cette mémoire-là, cette *nouvelle conscience* engrammée dans nos cellules !

Depuis, un dialogue s'est engagé entre deux immensités, celle de la Terre que les yeux contemplent et celle de cette *terra incognita* que chacun porte en lui. Et de cet échange, tout est devenu plus vaste.

Alors mon cœur se remet à battre au même moment avec une frénésie décuplée. Il provoque une identification immédiate avec ce souvenir. Cette résonance m'interpelle :

Notre cœur n'est-il que le *siège de nos émotions* comme disent certains manuels ? N'est-il pas beaucoup plus vaste que nous le pensons ? Ne l'avons-nous pas limité un peu trop vite, à cette pompe diffuseuse de sang, ou à ce lieu unique des sentiments ? Sa portée infinie ne peut-elle exister qu'à travers la littérature ou la poésie ?

Curieusement, à cet instant précis, perdue parmi ces centaines de visages éclairés par le kaléidoscope géant, je sens que c'est bien lui qui me parle à nouveau. Mais cette fois, il m'impose une autre direction…

— C'est bien gentil d'affirmer qu'il faut ouvrir son cœur, mais quel est le détonateur ? cherche-t-il à me faire comprendre.

Il se passe alors une sorte de dichotomie. Je le sens en train d'ajuster ses fréquences à celles des gens autour pour me les rendre proches. Je constate même qu'il amplifie ce ressenti et le fait résonner collectivement. Je suis eux, ils sont moi…

Mais ces êtres-là ressentent-ils la même chose ? Ou suis-je une naufragée seule sur son radeau ?

Face au public, les témoignages défilent, surprenants, parfois incongrus, toujours sur le fil de ces vérités intérieures qui jaillissent. Il y a quelque chose de déroutant, comme si nous pénétrions à l'intérieur les uns des autres comme des poupées russes, les récits variant selon chacun, mais unissant tous ces *experiencers* à cette base de données commune, cette sorte de mémoire collective.

La plupart du temps, ils parlent de « ce lieu où l'on baignait dans un océan d'amour paisible et lumineux, où l'on rencontrait parfois des êtres disparus et qui donnait la sensation étrange d'être "hors du corps"… »

Rares sont ceux qui ont des expériences négatives et en général, même celles-ci ont une issue positive.

Faire partie de ces *aventuriers*[1] qui s'expriment à l'écran me donne le sentiment de retrouver une identité humaine commune, même si elle semble un peu décalée... Qui sont-ils en vérité ? Qui sommes-nous réellement ? En les écoutant, deux certitudes s'imposent : c'est bien dans cette *réalité si vaste, en doublure de la nôtre* si j'ose dire, que je suis allée. C'est bien de là que nous provenons tous. Mais c'est impossible à prouver. Tout au plus peut-on essayer de transmettre quelque chose...

À l'époque, le recours à la science m'avait paru être le seul moyen. Il fallait impérativement entendre ce que les physiciens, les biologistes, les médecins avaient à dire sur le sujet. C'est ainsi que ma quête avait commencé ; je l'avais consignée dans un premier ouvrage[2].

Aujourd'hui, le sens que Pim attribuait lors de notre rencontre à cette conscience singulière, *une mémoire issue d'une dimension « non locale »*, continue de m'interroger. Cette conscience est inaccessible à nos perceptions habituelles. C'est pourtant cette nouvelle échelle qui unit notre *être profond* à tous les humains et à l'univers, lui permettant d'atteindre ce sentiment d'unité. Mais par où passe-t-elle dans le corps ? Quelle est la porte d'entrée ?

Un nouveau coup d'œil dans la salle me permet de voir à quel point l'attention est captée.

---

1. Allusion volontaire au livre de Satprem, *Sri Aurobindo ou l'aventure de la Conscience*, Buchet-Chastel, 2003.

2. *Va par où tu ne sais pas*, *op. cit*.

L'émotion se lit sur les lèvres, dans le scintillement des regards.

Beaucoup découvrent ce sujet pour la première fois. Quelques personnes chuchotent, font des rapprochements ou des commentaires. Personne ne semble indifférent.

Des images de tunnel, lumière, amour, paix, etc. unissent la plupart de ces *experiencers*, pour d'autres, ce sont des apparitions, auras ou visions diverses, les descriptions variant selon les cas. Une grande famille se dessine, constituée aujourd'hui d'environ deux cent soixante millions[1] de membres dans le monde.

Je sais que Pim n'avait pas vécu d'expérience de ce type. Au fil des centaines de témoignages qu'il avait reçus durant sa longue carrière, il s'était positionné comme expert, publiant ses rapports dans *The Lancet*, magazine scientifique très réputé. Très discret, il parlait peu de lui, mais j'apprendrais par la suite que grâce à lui notamment, ces *rescapés de la mort* avaient pu trouver réconfort et crédibilité dans leurs extraordinaires récits.

À l'image, tous disent la même chose, chacun à sa manière. Cette information les unit. Je la connais, elle est mienne.

Mais de quoi parle-t-on exactement ? S'agit-il d'une mémoire embryonnaire ou d'une mémoire encore plus ancienne qui nous fait remonter jusqu'à la source de la matière ?

Ou comme l'affirment encore certains médecins aujourd'hui, de réactions biochimiques du cerveau en fin de vie ?

---

1. D'après *Thanatos, l'ultime passage* (2019), *op. cit.*

N'ayant subi aucun traumatisme et n'étant pas la seule dans ce cas, cette dernière hypothèse ne tient pas la route. Le mystère reste entier...

Mais où est le cœur là-dedans ? Quel rôle joue-t-il ?

À ce stade, je ne peux rien dire, seul un constat s'impose : la nouvelle « disquette » qu'il a engendrée a banni tout jugement sur la forme. Seul, le fond importe. Elle m'encourage à intégrer toutes les complexités, les différentes visions et perspectives, et à n'enquêter qu'à partir de ce nouvel espace intérieur. Ce champ d'Amour infini qui remplace toutes les peurs.

Chapitre 4

J'ai décelé dans la présence de Pim une synchronicité. Et durant toute la durée du film, elle va m'interroger. Où est l'indice ? Où est le détail que son apparition dans ce film, après tant d'années, cherche à me révéler ?

Les souvenirs continuent d'affluer. Soudain, un élément auquel je n'avais pas suffisamment prêté attention me revient en mémoire :

Je revois la scène : j'étais assise sur le canapé devant Pim. Profitant d'une pause durant le tournage, je lui avais confié :

— C'est bizarre, vous savez, avant mon expérience, je sentais mon cœur dans les émotions habituelles de la vie. Mais tout de suite après, il m'avait lancé des coups de boutoir, comme s'il dégageait une énergie impossible à contenir. J'éprouvais une sorte de gratitude qui me mettait au bord des larmes. Un élan vital inconnu me secouait tout le corps. J'avais l'impression qu'il me disait : plus de temps à perdre ! La mort n'est plus à craindre. Un tabou vient de tomber. C'est juste un changement de fréquences !

Et voilà qu'il me poussait à écrire ce qui s'était produit avant que ma mémoire ne s'en empare : ne dis que les faits ! Sans fioriture ni émotion ! Puis il m'avait enjoint de prévenir ma mère, ce que j'avais fait dès le lendemain…

Le cardiologue n'avait pas eu l'air étonné mais son sourire s'était élargi. Se moquait-il un peu ? Ses traits doux et respectueux disaient le contraire.

— C'est normal ! dit-il. Le cœur est l'organe qui génère le plus fort champ magnétique de tout le corps, un champ magnétique cinq mille fois plus intense que celui émis par le cerveau ! Donc contrairement à ce que l'on croit, c'est lui qui influence le cerveau[1] !

Je m'étais alors retenue pour ne pas l'embrasser.

Ce champ magnétique intense… c'est lui qui nous reliait à l'invisible, en charriant des informations de notre environnement plus ou moins proche ! Lui qui nous connectait les uns aux autres, probablement sur de grandes distances !

Comment avais-je pu laisser passer quelque chose d'aussi essentiel ?

À cet instant précis, un cœur gigantesque apparaît dans ma tête. Il a la forme d'un hologramme

1. En 1903, un médecin hollandais, Willem Einthoven, le père de l'électrocardiogramme, a mesuré le champ du cœur humain, qui a le champ électromagnétique le plus fort de tous (plus de 5000 fois plus fort que celui du cerveau, avec une portée de plusieurs mètres). En 1924, il a reçu le prix Nobel pour ses travaux.

où chaque parcelle est distribuée en chacun de nous, contenant l'image entière. Il émet comme un son qui se répand de l'intérieur vers l'extérieur à la vitesse de la lumière. Alors, immédiatement, au contact de cette vibration, toutes les limites disparaissent. Nous sommes dans la plus haute partie de nous-mêmes, dans cette conscience supérieure dont parlait Pim. Et en baignant dans cette énergie, nous nous relions instantanément à tous les êtres, nous les comprenons comme nous-mêmes, avec d'autres mots. Ou plutôt sans mots !

C'est ce qui vient de se produire pendant le film, dans cette salle, avec tous les spectateurs…

Alors une enquête s'impose comme une évidence : essayer de comprendre l'enjeu et la portée du cœur dans nos vies réelles, puis voir jusqu'où il mène.

Chapitre 5

Mais avant d'aller plus loin, il y a une étape à franchir : comprendre ce que Pim avait appelé la « conscience non locale ».

Pour expliquer comment l'information que nous recevions de notre environnement affectait instantanément nos cellules, le cardiologue avait eu recours à une expérience qu'on appelle, en physique quantique, la « non-localité ».

Il me raconta que des informations sous forme de lumière pénétraient dans nos corps. Cette information était contenue dans des petites particules de lumière qui entouraient les cellules. On les appelait les *biophotons*.

Pim avait alors décrit le processus en prenant bien soin de prendre les étapes les unes après les autres.

— Voici comment ça se passe, avait-il précisé… Toute l'information non locale pénètre dans l'ADN…

À peine avait-il prononcé ce mot, qu'une alerte s'était allumée. Cette notion de *non-localité* se référait à la physique quantique, terrain de l'invisible.

Pim faisait ici référence à une dimension qui ne faisait pas partie de notre espace-temps. Il indiquait qu'un « autre temps, hors espace-temps » existait quelque part, une sorte de concomitance que nous percevions sans le savoir. Pour être plus précise, un présent éternel se trouvait en nous à notre insu.

Puis il avait expliqué que l'ADN transmettait l'information aux cellules et vice versa.

En d'autres termes, l'ADN envoyait des photons, c'est-à-dire de la lumière à nos cellules – et la lumière, c'est de l'information, m'avait-il fait remarquer –, ensuite, celle-ci revenait à l'ADN à partir des cellules et vice versa.

C'est ainsi que la lumière du soleil s'imprimait aussi en nous comme dans les plantes, les animaux ou les légumes que nous mangions.

Pour les plantes, par exemple, nous savions qu'il s'agissait de la *photosynthèse* : elles vivaient grâce à cette opération subtile qui consistait à prendre l'eau et le dioxyde de carbone de l'air et, en absorbant l'énergie solaire, à les transformer instantanément en sucres. Une histoire de don, d'ingestion et de métamorphose, en somme !

Plus tard, j'allais observer des feuilles d'acacia dans le microscope du biophysicien Fritz Albert Popp, et en voyant ces centaines de petites lumières qui clignotaient à la surface tels des signaux en morse manifestant la vie, une émotion singulière m'avait bousculée. Un peu comme Bécassine, je redécouvrais le vivant...

Pim, voyant que ce processus de non-localité restait un peu abstrait, avait cherché une autre explication. Pendant quelques secondes, le bouddha qu'il avait rapporté d'Asie et son magnifique piano à queue avaient pris toute la place. Un petit vent s'était levé, faisant frémir les arbres du jardin. Puis une autorité nouvelle s'était dessinée sur ses traits :

— Il a été prouvé que les cellules reçoivent de la conscience ! affirma-t-il.

Voici l'expérience qui a eu lieu. On l'appelle le test de Backster...

Il avait alors curieusement introduit son index dans sa bouche pour mimer ce qu'il allait dire :

— Backster avait prélevé des cellules blanches sur la salive d'un individu qu'il avait mises dans une boîte de Petri, puis il l'avait placé à vingt kilomètres de là dans une cage de Faraday où les parois bloquent totalement les ondes électromagnétiques. Ensuite, il avait montré au propriétaire de la salive des images effrayantes ou excitantes et là, au même moment, non seulement sa peau avait réagi, mais ses cellules, à vingt kilomètres de là, avaient modifié leur activité de la même manière.

C'était bien la preuve qu'il y avait une connexion non locale entre la conscience de cette personne et ses cellules blanches !

Cette évidence me souleva de terre : cette connexion instantanée entre notre conscience et nos cellules nous ouvrait un autre monde !

Si nous recevions effectivement des *informations* sous forme de lumière, de vibrations et de sons à partir de notre environnement et qu'elles existaient instantanément à l'intérieur de nos cellules, c'est bien que nous étions connectés à tout !

Et que nous baignions en quelque sorte dans *un champ d'informations*…

On pouvait même étendre ce champ d'informations à tout ce qui constituait un espace commun où nos corps se trouvaient immergés, par exemple la famille, les amis, le cercle professionnel, mais aussi les villes, les campagnes, les montagnes ou les côtes, les pays, notre planète, voire une simple forêt !

À ce propos, je m'étais souvenue d'une balade à l'aube. Le ciel s'éclaircissait sous le déploiement du jour, la lumière filtrait en dentelles, envahissant progressivement les immenses allées. J'avançais, la tête en l'air, regardant les cimes qui se balançaient dans la brise avec la douceur d'une nourrice, traçant des pleins et des déliés. Des kilomètres de saintes écritures sous la voûte céleste ! Leurs milliers de bras qui s'ébrouaient en signe d'accueil ! Leur bien-être si clair ! Une joie m'avait inondée comme elle inondait ces feuillus remplis de lumière, ondulant pour la manifester. Nous étions tous un et parties de ce tout. J'avais mon rôle, eux le leur. Ensemble, par l'extrapolation du cœur, ce cœur qui existait aussi chez les plantes d'une certaine manière[1], nous ressentions et témoignions de cette gratitude jusque dans nos cellules.

Il était probable que cette *information* provenait d'une sorte de conscience *cosmique*, *supérieure* ou *divine*, selon l'appellation de chacun ! C'est

---

1. Stefano Mancuso, *L'Intelligence des plantes*, Albin Michel, 2018.

elle qui, par l'intermédiaire de nos cœurs, créait cette vitalité transcendante, manifestée en joie ou en bien-être, aussi bien chez les plantes que chez les animaux ou les hommes. C'était le pari que j'étais prête à endosser.

Chapitre 6

À la sortie du cinéma, les gens se serrent dans les bras, certains sont en larmes, d'autres sourient et se frayent un chemin discret pour porter ailleurs ce qu'ils viennent de vivre. Martine, aux côtés du réalisateur, reçoit des dizaines de remerciements et des témoignages qu'elle a fait renaître par la sincérité de sa démarche. L'émotion flotte, étreint, se dépose comme une chappe bienveillante qui emplit les cœurs et laisse présager un avenir meilleur. Sa chevelure d'or blanc et son sourire propagent leur lumière. Un regard nous lie l'espace d'une seconde, un sourire, puis le métro efface son image, me laissant une chaleur dans la cage thoracique.

Sur le chemin du retour, les images du film attisent ma mémoire. Les souvenirs se bousculent, ravivant des résonances. Tous les *experiencers* qui ont défilé dans ce film, transfigurés, nettoyés de leurs parts d'humanité souffrante, que viennent-ils faire dans ce monde ? Sont-ils de nouveaux témoins comme ceux qui entouraient le Christ ? Ou des sortes de mutants qui marqueraient l'aube d'une humanité nouvelle ?

Non loin de moi, un homme chante avec son accordéon dans l'indifférence générale. Le wagon de métro est plein. Une scène habituelle… Par un réflexe inconscient, mes yeux le quittent et rapportent une manne d'impressions visuelles et sentimentales. L'une d'elles fait curieusement écho avec le film.

C'était environ six mois après mon expérience. Une première *synchronicité* m'amenait vers un second être hors norme[1], porteur d'un message qui, plus qu'aucun autre, allait contribuer à reprogrammer ma *disquette*.

Je revois son visage à la deuxième page du livre. Celui d'un jeune homme au regard limpide qui tranche les obstacles. Il est sans peur. Il me fait penser à Rimbaud.

Tout de suite, son écriture me traverse. Jamais je n'en ai lu de pareille. Les mots entrent en résonance avec ce qui reste de ma propre colère, mes douleurs et aspirations les plus hautes, cette soif de tendresse qui flotte quelque part, ce désir d'unité qui appelle sans cesse pour nous faire grandir. Et quand je dis *mes*, je parle en réalité d'un *nous* qui nous relie tous. Car cette écriture est une *conscience*. Elle vient d'ailleurs, pour s'adresser au *nous commun*. Un *nous* qui renvoie à nous-mêmes, franchissant le temps et l'espace.

---

1. Le premier étant Mudrooroo, le chaman ayant engendré mon expérience de décorporation.

L'auteur porte un nom sanskrit : *Satprem*. En français, « l'Amour vrai ». En réalité, c'est un Breton, un marin attaché à sa terre granitique pour prendre son envol à travers les océans. C'est aussi un rescapé des camps de concentration.

Ses traits aspirent vers le ciel, tout comme ses yeux, accrochés à une étoile. Il a traversé l'enfer pour venir à notre rencontre, paré de cette grâce qui frappe à notre porte.

Je dévore tous ses ouvrages. Des centaines de pages où sa main d'orfèvre a tissé la vision d'un nouvel homme, un *nouveau type d'humain* qui aurait compris qu'il était urgent de passer à autre chose : de faire enfin taire la prédominance de son mental pour laisser son cœur *parler* pleinement aux cellules.

C'est là qu'il rejoint le documentaire que je viens de voir : Satprem et Pim van Lommel ont en commun cette *conscience sans limite et non locale* qui se reflète dans nos cellules…

Mais Satprem, lui, va encore plus loin, au risque de passer pour *New Age*. Pour ce rescapé des camps, il ne s'agit de rien d'autre que de faire descendre un *pouvoir divin*[1] dans la *matière*, afin de permettre à l'homme d'aller vers la prochaine étape de son évolution.

Venant de cet être ayant connu la dévastation humaine, cette aspiration prend un poids singulier. S'agirait-il d'une résurgence du catholicisme

1. Le mot « divin » n'étant pas uniquement à prendre au sens religieux, mais aussi symboliquement comme une force active dans l'univers qui sous-tendrait l'évolution.

rigoureux dans lequel il a été élevé ? Pas du tout. Satprem tient cet espoir insensé du visionnaire indien, Sri Aurobindo.

Et là, un peu d'histoire s'impose. Nous sommes au début du XXe siècle. Ce sage, philosophe et poète, élevé en Angleterre va participer, de retour en Inde, à la libération de son pays. Mais de la politique, il passe à un tout autre message, reçu à la suite d'une révélation, alors qu'il croupit en prison :

« Si un épanouissement spirituel sur la terre est la vérité cachée de notre naissance dans la Matière, écrit-il, si c'est fondamentalement une évolution de la conscience qui a pris place dans la Nature, alors l'homme, tel qu'il est ne peut être le terme de cette évolution.

Il est une expression trop imparfaite de l'esprit : le mental lui-même est une forme et un instrument trop limité, il est seulement un terme intermédiaire de la conscience. L'être mental n'est qu'un être de transition. Par conséquent, si l'homme est incapable de dépasser le mental, il sera lui-même dépassé[1]. »

Un parallèle s'impose alors à moi entre la pensée de ce visionnaire indien et ces *experiencers* que je viens de voir : leur mental est effectivement complètement dépassé. Ils ne vivent plus que dans leur cœur. Ils ne vivent plus que dans l'Amour.

---

1. Sri Aurobindo, *La Vie divine*, Albin Michel, 1973, tome 3, p. 277-278.

Entre-temps, l'homme a fini de chanter. Je dois descendre au prochain arrêt. Il tend son chapeau d'un geste qui n'attend rien. Ses chansons sont-elles inscrites quelque part ? Petit regret comme une étoile filante. Les gens s'écartent un peu pour le laisser passer. Son sac à dos, plein de mémoires trop lourdes, l'empêche d'avancer. Va-t-il sortir ? Va-t-il rester ? Chanter encore ? Quelques personnes glissent discrètement leur main dans son feutre cabossé pour y déposer le prix de leur compassion. Le métro démarre. Son image disparaît...

Dans les couloirs aux carreaux blancs, les affiches captent les regards leur intimant l'ordre d'entrer dans leurs mondes. Ici, c'est une crème rajeunissante, là, un spectacle de boulevard, un peu plus loin, une série morbide. Un monde hagard et surdimensionné, reflet d'une civilisation qui au bout de dix mille ans a produit *l'embouteillage, l'ignorance* et *la confusion*...

Partout la vitesse des pas, les automatismes et l'indifférence bousculent, giflent, renvoient le vide et la solitude.

Pourtant, à certains coups d'œil, certains sourires, on sent des exceptions parmi ces voyageurs pressés et, dans leur poitrine, une chaleur bienveillante.

Le cœur est là qui veille.

Ses fréquences se réveillent quand je repense au message de Sri Aurobindo. Au fond, l'homme, tel qu'il est aujourd'hui, n'est pas à la fin de son évolution. Un autre type d'humain pourrait exister : un être qui ne passerait plus par le mental, instrument trop limité, mais par une conscience plus élevée qu'il *ferait descendre* dans le corps.

Mais par où passerait-elle si ce n'est par l'ouverture du cœur ? Tout ceci ressemble encore un peu trop à de la science-fiction…

Chapitre 7

Paris, janvier 2020…

— Pourquoi veux-tu absolument parler du cœur ?

Paul a mis les mains dans ses poches. La Seine défile au rythme de nos pas. Quelques coulées d'eau comme des nœuds la secouent par intermittence. Sa couleur mastic reflète la dominante des façades conjuguées au ciel. Tout se renvoie, se mire, s'accorde, brodant une toile qui nous inclut jusqu'aux moindres atomes. Cette ampleur nous élargit. Une émotion se glisse, l'envie de lui donner la main.

J'aurais voulu lui parler de Satprem, de cette ressemblance entre la pensée de Sri Aurobindo et ce que vivent notamment les *experiencers*. Nous sommes soixante-dix ans après la mort de ce visionnaire. Les phénomènes s'accentuent et beaucoup d'indices chez l'homme permettent de penser que son mental a atteint ses limites. Les dépressions, *burn-out*, troubles psychiques en tout genre s'accumulent. Notre cerveau gauche – siège de la raison – n'est-il pas déjà en train de nous perdre, nous enfonçant dans ces habitudes de pensées qui amènent confusions, angoisses et conflits parmi les sources du mal-être de nos sociétés ?

— C'est pas un peu naïf ? insiste-t-il. Tout le monde sait que l'amour pourrait sauver le monde ! Ça fait deux mille ans qu'on essaye et tu vois bien où on en est !

Des joggeurs nous dépassent, leur casque sur la tête… Les échos de rap vont et viennent.

— Faut-il absolument changer les gens ?

— Pas les changer, dis-je. Seulement leur dire ce qu'ils ne savent peut-être pas, ou qu'ils savent seulement intuitivement…

Soudain, les réflexions de Paul passent au deuxième plan. Il y aurait trop à dire. Un geste de tendresse aurait suffi. Dans moins de deux heures, je serai dans le train et, demain, en ligne avec Ervin[1]. La joie de parler à ce grand humaniste dépasse ma frustration de n'être pas pleinement comprise.

Grâce à lui, j'avais pu rencontrer Pim van Lommel, le biophysicien Fritz-Albert Popp et tous ces scientifiques d'avant-garde qui, chacun à leur manière, avaient clarifié mon expérience singulière. Et le monde s'était agrandi. Enrichi de nouveaux regards.

— Tu as sûrement raison, dis-je encore.

— Et alors ?

— Alors, rien. Je ne sais pas. J'ai l'impression qu'il faut le faire, c'est tout.

1. Le professeur Ervin Laszlo, philosophe des sciences et théoricien des systèmes, auteur de nombreux ouvrages.

Paul sait cela. Nous sommes amis depuis toujours. Pourtant, il y a des jours où nous nous perdons l'un l'autre, des jours où nos fréquences ne coïncident plus. Cela ne me pose aucun problème, car les ondes, par excellence, sont fluctuantes. Mais lui s'en émeut. Et cette réaction me fait m'interroger.

Pourquoi deux êtres aussi liés n'arrivent-ils pas à ajuster leurs ondes en permanence ?

J'ai lu récemment quelque part[1] que la science commençait à peine à comprendre les effets des champs électromagnétiques produits par le cœur. La bonne nouvelle, c'est qu'ils corroborent leur importance et leur portée : *l'information* contenue dans ces étendues d'ondes peut jouer un rôle vital grâce à son système neuronal et nerveux dans l'équilibre du corps et de la tête. En d'autres termes, il est bien le *chef d'orchestre de nos partitions intérieures* – et peut aussi affecter les personnes de notre entourage.

Y aurait-il donc une sorte de « moi » inconscient qui entrerait en conflit avec celui de Paul ?

Il y a sûrement quelque chose à comprendre dans tout cela. C'est une question à poser à Ervin…

Sur le pont Alexandre-III, les groupes de chevaux ailés renvoient les rayons du soleil. On dirait qu'ils s'apprêtent à bondir.

---

1. HeartMath Institute.

Chapitre 8

Sud de la France…

Le visage d'Ervin apparaît enfin. Depuis cinq minutes, nous nous cherchons sur les ondes. Le bouton vert de la caméra s'allume. L'enregistrement commence. Ses traits s'animent, son sourire malicieux propage une joie d'enfant. L'enjeu de cette rencontre, c'est évidemment le cœur. Avec lui, cela semble facile. C'est même un virtuose dans ce domaine. Virtuosité qu'il a offerte au piano d'abord, en tant qu'enfant prodige et concertiste, puis à la science et à la conscience pendant plus de soixante ans. Ce qui lui confère quelque chose de grand, comme s'il s'était hissé à la crête des choses et les regardait de là haut.

Chaque fois, le revoir provoque une euphorie, de la même nature que si nous poursuivions une unique conversation depuis toujours, ramenant les bribes de la dernière dans le présent… Je nous revois à Grossetto en 2007, devant une radio à diodes des années cinquante, d'où surgissaient des voix *de l'au-delà* s'adressant à Ervin en hongrois[1], puis à Mexico, où nous nous étions retrouvés « séquestrés » dans un hôtel parmi d'autres conférenciers, ou en Chine pour un colloque où, lors d'une excursion, des trombes d'eau menaçaient nos embarcations fragiles…

Mais ce sentimentalisme un peu bêta est de courte durée, car l'urgence est ailleurs. Il s'agit de comprendre quel est le rôle du cœur dans les informations que reçoivent nos cellules…

Au début, cette requête semble le déconcerter.

— Ça, c'est une question à poser aux biologistes quantiques, répond-il. Ce que tu demandes, c'est une explication de physique quantique sur l'information transmise par le cœur.

Tout à coup, l'ampleur du problème me saute aux yeux. Paul n'a-t-il pas raison ? Ne suis-je pas en train de me fourvoyer ?

Mais Ervin, entre-temps, réfléchit à haute voix :

— Au fond, il s'agit de savoir quel rôle et quelle place occupe l'organe du cœur lorsque l'on vit *l'expérience du Tout* ?

J'allais oublier qu'il fallait commencer par là. Une erreur de base provoquée par excès d'émotivité, auraient dit les spécialistes. Son dernier livre s'appelle en effet : *Se reconnecter à sa source*[2].

Qu'est-ce qu'Ervin entend par *l'expérience du Tout* ?

---

1. Le hongrois est la langue natale d'Ervin Laszlo. Cet épisode est relaté dans *Va par où tu ne sais pas*, du même auteur (Massot éditions, 2018).

2. Ervin Laszlo, *Reconnecting to the Source, St Martin's Press, 2020.* Le titre entier est : « *Se reconnecter à sa source – La nouvelle science de la spiritualité. Comment peut-elle vous changer ? Et transformer le monde ?* ».

— Comment peut-on sentir ce *Tout* qui nous relie au monde ? enchaîne-t-il, devinant ma pensée.

Ça veut dire qu'il ne s'agit pas de quelque chose de partiel, de quelque chose de segmenté, mais qui inclut l'ensemble de toute expérience.

Si tu expérimentes la nature autour de toi, tu vois l'entièreté de cette nature...

Sa réflexion ramène le souvenir où je marchais à l'aube dans cette forêt, la peau parcourue de frissons, identifiée aux arbres, partageant la même exaltation sous les premiers rayons. Puis, à une échelle plus lointaine mais toujours perceptible, l'ivresse éprouvée sans le corps, la fusion avec le cosmos et cet amour si vaste dans les cellules...

— Si c'est une belle musique, poursuit Ervin, un poème, Shakespeare ou Baudelaire, la musique de Mozart ou de Schubert, tu vois l'ensemble de l'œuvre, et non pas ce qui manque. Donc, ce sens du *Tout* fait partie de notre expérience.

Une image me revient : Ervin devant son piano jouant une sonate de Beethoven, ses doigts qu'il semblait oublier, son expression d'enfant extatique devant cet autre monde, cette musique venue d'une autre dimension...

Les musiciens ou les poètes ont-ils plus de chance que les autres d'expérimenter ce sens du tout ? Est-ce un truisme ? Ou une vraie question sur notre époque, notre habitude de tout séparer ? me dis-je.

— Quand on est enfant, on expérimente le *Tout*, reprend Ervin, puis, plus tard, on nous apprend à distinguer les choses : ça, ça fait partie de ça, et pas de ça, etc. On nous enseigne la distinction, les séparations, et c'est artificiel. Einstein disait que le sens de la séparation n'était qu'une illusion. Nous vivons dans l'illusion. Donc, quand on abandonne cette illusion, elle devient quelque chose que nous avons été, dans laquelle nous sommes nés.

Les peuplades premières savaient tout cela. Les indigènes ont gardé ce sens-là. Les grands poètes, les prophètes, les grands musiciens, les grands artistes ont tous cette aptitude qui consiste à récupérer ce *sens du Tout* en eux. C'est le privilège de quelques-uns et des jeunes enfants qui ont le désir d'expérimenter ce *Tout* dans leur vie.

En l'écoutant, tout paraît simple. Il suffirait d'introduire consciemment cet « hors espace-temps » dans notre présent habituel pour nous connecter à cette dimension cosmique, déclenchant une créativité qui ne demanderait qu'à se manifester, un peu comme lorsque nous étions ces princesses ou chevaliers de notre enfance, habités par cette « dimension céleste » qu'on vivait « en temps réel » sous la peau.

— Il faudrait récupérer ce sens du *Tout* dans nos vies, insiste Ervin, en avoir l'envie, être en empathie avec ce sens-là, nous expérimenter nous-mêmes en tant que totalité, expérimenter le monde dans son entièreté.

La sémantique nous égare parfois… C'est bien gentil de parler d'entièreté, de cette dimension plus haute qui nous relie à tout, mais elle passe bien quelque part ?

— Où est le cœur là-dedans ? dis-je naïvement.

— Je conçois cette question comme un phénomène de résonance, répond l'ancien enfant prodige du piano en levant la tête. Ses traits sinueux font penser à une carte de géographie où s'entrecroiseraient toutes les rivières terrestres. Ses yeux noirs semblent fouiller l'espace où les informations surgissent, prenant une forme libre, au fur et à mesure.

— Quand nous percevons le monde autour de nous dans sa totalité, le cœur entre en résonance avec l'information qui nous est transmise.

À nouveau, des images du passé me viennent : 2010, le jour où j'étais allée voir Ama, cette sainte indienne qui embrassait les humains un par un, à travers le monde. À peine entrée dans l'immense hangar où un public bigarré, venu de tous les coins de France, attendait son tour, j'avais perçu une atmosphère différente, à l'opposé de ce que nous vivions habituellement. On aurait dit qu'une chappe de tendresse flottait sur tous, les recouvrant de cette douceur ouatée qui irritait les cyniques contemporains. En respirant cet air, une marée de larmes m'avait brutalement inondée. C'était donc vrai ? Un monde d'amour pouvait exister. Une société réunie par un pôle d'amour incarné par l'un des leurs…

J'avais connu le même sentiment en 1978, la veille du jour où le pape Jean-Paul II était arrivé à Varsovie. On surprenait les dignitaires du régime priant dans les églises et les miliciens aidant les personnes âgées à traverser les rues.

Oui, le cœur dont parle Ervin est bien ce diapason qui sert à propager le *la* de l'harmonie du monde.

Mais il ne semble pas s'apercevoir de l'effet produit. Abîmé dans ses réflexions, Ervin paraît soucieux d'aller plus loin, dans un souci pédagogique qui le rend émouvant.

— Cette transmission ne se produit pas uniquement dans le cerveau, poursuit-il, mais dans chaque cellule de notre corps. Et l'on sait que le cœur joue un rôle clé pour entrer dans la fréquence de la résonance, cette résonance dans laquelle le monde autour de nous et dans nos cellules apparaît comme un tout. Pas comme des fragments de ce monde…

Un temps de silence inscrit ses mots dans l'espace. Un doute vient rôder. Le musicien qu'il est perçoit ce bémol :

— C'est précisément cela qui nous permet de dire que le cœur est l'organe qui établit une résonance avec les fréquences qui nous parviennent du monde extérieur.

L'illustration parfaite est l'état amoureux, me dis-je. Cette perte de repères immédiate qui nous fait entrer au plus profond de soi d'où émerge la figure de l'autre, son atmosphère, nous englobant dans un même élan. Cet état produit une chaleur dans le corps, un bien-être effaçant tout, sauf l'instant présent…

Un souvenir me revient.

J'étais intime avec quelqu'un. Ce sentiment avait rempli sa tâche, tout avait disparu. Il était entré dans ma perspective. Il allait devenir mon compagnon.

J-M parlait en poèmes qui n'étaient pas de lui, aimait la terre au point de faire l'amour avec elle, rêvait d'une ferme d'éléphants. J'avais été débordée par lui. Il me dit : *va par où tu ne sais pas*. Et je l'avais suivi jusqu'en Inde.

J'avais alors redécouvert ma terre de naissance. Et avec elle, cet humus spirituel que respirent les enfants là-bas, pleins d'odeurs invasives tirées des profondeurs terrestres, leurs yeux immenses sondant les cœurs derrière les apparences. Et tout naturellement, ces guides du passé avaient rallumé mon regard intérieur.

Une sirène de bateau retentit. Un gros yacht doit entrer dans le port. Sur l'écran, Ervin est toujours là. Je ne veux pas abuser de son temps.

Son visage se concentre :

— On peut donc vraiment dire que l'information de l'univers se transmet à travers le cœur jusqu'au cerveau et que certaines parties vont vers notre conscience. C'est pourquoi cet organe a un rôle clé dans le processus d'expérimentation du monde et de nos cellules au sein de ce monde.

Puis pour conclure, il ajoute :

— Je devine, je suppose même que, dans le rêve qui amène la conscience, notre cœur a le rôle du diapason. Il commence par résonner avec le tout, puis il communique l'information.

Chapitre 9

Le vent s'est levé sur la mer, parsemant sa surface de petits créneaux blancs. Il pousse les nuages qui s'effacent peu à peu, seul conquérant dans le bleu du ciel.

Je ne peux pas en rester là. Quelque chose m'oblige, né de cette conversation.

Des bateaux à l'ancre vont et viennent autour de leur chaîne, oscillant d'un bord à l'autre, faisant de leur mieux pour accompagner ses atermoiements. Qui sommes-nous face au vent ?

— J'essaie de penser holistiquement, avait dit Ervin. Nous sommes nés dans un univers où chaque information répandue dans cet univers est un hologramme, c'est-à-dire que chaque élément de l'information contient la totalité de l'univers. Elle est perçue dans chaque cellule de notre corps.

Cette symphonie de vent et de mer nous habite. Elle se fait sentir mieux que toute parole. Mon cœur respire, mes bronches battent. Tout semble s'activer pour fusionner dans une harmonie. La beauté extérieure nourrit nos cellules mais nous n'y prenons garde.

— Seule une petite section de cette information globale produit notre conscience d'éveil, reprend en écho la voix d'Ervin. Mais notre subconscient et un niveau plus profond de lui en transmettent infiniment davantage. Il me semble que la clé qui nous unit, lorsque l'on arrive à ce niveau de conscience-là, c'est qu'on expérimente alors le *Tout*. À chaque instant, on goûte, on ressent la totalité de l'information.

Mes pas le savent. Ils marquent le rythme de ce cœur ouvert aux volutes de sable se soulevant comme les voiles des vieux gréements d'autrefois, absorbant l'écume de la mer pour s'accoupler avec elle. Et voilà qu'une bourrasque de terre et d'eau surgit à quelques mètres, en un pas de deux clair-obscur sur la plage. Cette impression grandiose et jubilatoire me fait penser à la Création.

— Dans l'embryon, quand les yeux s'ouvrent, le cœur commence à battre, avait fait remarquer Ervin. Tout cela se produit avant que le cerveau ne soit développé.

C'est ce qui permet de dire que la vie commence. Il y a un groupe de cellules qui se met à battre. Le rythme de ses pulsions indique que ce groupe de cellules est déjà un être vivant en train de se développer.

C'est vraiment le cœur qui est le siège de l'expérience.

Comme je lui avais demandé des exemples, il avait alors parlé des transplantations cardiaques...

— Très souvent, les observations montrent qu'il y a certains éléments du vécu du donneur qui restent chez le receveur. Quelque chose qu'on pourrait appeler un *au-delà du cœur* qui subsiste de son expérience de vie et se manifeste chez le patient transplanté.

Une rafale ensablée me plaque contre un pin parasol. Les grains s'infiltrent partout. Alors que je cherche à m'abriter, un témoignage me revient en mémoire[1].

« Tout a commencé par un cauchemar récurrent, disait une femme, deux ans après ma greffe. J'étais dans une voiture, j'avais un accident, des phares m'aveuglaient, la pluie battait mon pare-brise ; je sentais que ce n'était pas moi qui conduisais, je portais une bague qui n'était pas la mienne.

Mes goûts ont changé. Moi qui n'aimais pas du tout le vin, je me suis mise à en déguster avec plaisir ; *idem* avec le baba au rhum ou la tarte au citron.

Ma psy me disait que de tels rêves n'avaient rien d'étonnant après une opération comme la mienne, car le cœur est un organe vital particulier, c'est le seul que l'on puisse ressentir.

Après avoir fait six ou sept fois le même cauchemar, je me suis tout de même posé des questions. Puis je suis partie en Inde, un pays où je n'avais jamais mis les pieds. Là-bas, j'ai éprouvé des sensations de déjà-vu intenses. En visitant le

1. Charlotte Valandrey, auteure de *De cœur inconnu* (Cherche-Midi, 2011 ; J'ai lu, 2013) et dont on peut lire le témoignage éclairant dans un article : « Je suis allée puiser très loin en moi », L'Express.fr, par Claire Chartier, publié le 17 septembre 2011.

Taj Mahal, j'ai eu la certitude d'être déjà venue là avec quelqu'un... »

L'article disait qu'il s'agissait d'une mémoire cellulaire, un phénomène que décrivaient plusieurs greffés du cœur : c'est l'expérience de moments vécus ou de traumatismes qui ne nous appartiennent pas.

D'après le professeur Gérard Helft, ces manifestations, qui n'avaient pas été prouvées par la science, amenaient à s'interroger sur *le passage de témoin entre celui qui donne et celui qui reçoit.*

— De fait, ajoutait-il, on avait découvert assez récemment que les *neuropeptides* – de petites protéines – se trouvaient non seulement dans le cerveau, comme on le croyait jusque-là, mais aussi dans tout le corps. Ces neuropeptides, d'après le professeur Helft, étaient des *émetteurs de messages qui permettraient le stockage d'informations dans nos cellules*, notamment les particularités de notre personnalité ou le souvenir d'un choc.

Les neuropeptides du cœur et d'autres organes vitaux pourraient communiquer avec ceux du cerveau, comme en mode Wi-Fi, précisait-il encore.

Et ils allaient encore beaucoup plus loin, comme je l'avais découvert récemment...

Chapitre 10

Paris, janvier 2020…

J'étais tombée sur ces *neuropeptides* sans le vouloir…

Depuis quelque temps, l'atmosphère de Paris engendrait une inquiétude. Ses changements d'humeur liés à une économie anxiogène, jointe au ciel qui soufflait le froid et le chaud hors saisons, créaient des ressentis instables dont les répercussions se manifestaient à tous les niveaux, de la voirie urbaine en travaux interminables à la population agitée par des sursauts de colère ou d'étranges répits de fraternité, telles les fantaisies d'un fleuve auxquelles personne n'échappait.

Et pourtant, c'est ici, au cœur de la capitale, comme dans celui de toutes les grandes cités européennes, que s'effectuait silencieusement depuis plusieurs décennies, l'étouffement progressif qui allait nous contraindre bientôt aux changements. Du moins, je l'espérais, comme un bon nombre de mes compatriotes. Les Gilets jaunes continuaient à se déployer, traduisant une souffrance insidieuse dont on ne comprenait pas encore tous les fondements. Un sentiment diffus nous habitait, un malaise fluctuant préparant autre chose…

Ce jour-là plus que jamais, j'avais envie de relire Satprem. De transmettre sa voix qui surgissait de la nécessité où nous étions, l'urgence – devrais-je dire – de basculer dans une compréhension plus subtile des mécanismes qui nous enchaînaient et qui avaient produit *l'homme des guerres d'aujourd'hui*.

Je cherchais fébrilement la correspondance que nous avions entretenue jusqu'à la fin de son séjour terrestre en 2007. Elles étaient rangées dans un grand sous-main de cuir comme on les fabriquait autrefois. Large, volumineux et d'un rouge profond, presque onctueux, comme s'il était de cire. Un vrai trésor dans ma vie.

Sous mes doigts, les pages d'un papier blanc fané. Des dates pêle-mêle : *3 août 2001*, *24 janvier 1997*, *15 novembre 1997*, etc., des enveloppes décachetées « *air mail* », avec leurs timbres aux zébus sympathiques où « *indigenous breeds of cattle* » rappelait leur origine et puis des tampons « *Kotagiri* », « *India* »…

L'écriture fine, cursive, comme des empreintes de mouettes sur le sable, livrait sursauts et amplitudes tels des battements de cœur sur un électrocardiogramme. Il était là, présent dans les signes penchés de ses écrits sans âge. Ou plutôt, qui les avaient tous. Il était là, radieux ou insoumis, soufflant son énergie, son amour… Tant d'années plus tard. Intact.

Ce jour-là, en le relisant, une réflexion de Satprem me frappa :

« Il faut se traiter soi-même comme les chimistes traitent un corps inconnu : prendre le corps inconnu et le faire réagir avec les ingrédients les plus divers, ne pas utiliser les produits qui ne provoquent aucune réaction et n'aident pas à découvrir la composition du corps inconnu. »

Quelle formidable injonction ! Mais sans doute à cet instant-là, avais-je mal jaugé jusqu'où elle pouvait nous entraîner…

C'était l'une des clés de ce *travail cellulaire* dans lequel Satprem s'était débattu pendant tant d'années, que Sri Aurobindo appelait le *yoga des cellules*.

En clair, se servir du corps comme d'un laboratoire. Laisser cette nouvelle conscience agir en lui, le remodeler. Mais, pour ce faire, il fallait d'abord sortir de nos zones de confort pour rencontrer *qui nous étions vraiment*, traverser les *différentes couches* qu'on nous avait mises sur le corps, comme l'éducation, les sentiments, les habitudes, les influences diverses, etc., tous ces mécanismes qui enfermaient nos cellules dans les répétitions, provoquant les blocages sans fin. C'est ce qu'il entendait par « découvrir la composition du corps inconnu ».

Bref, se mettre en danger. Ce qui dans sa bouche signifiait : identifier tout ce qui nous avait construits jusque-là pour l'intégrer et passer à autre chose. Faire face à un danger productif, celui d'être Soi, uni et indivisible.

Le problème est que tout cela nécessitait courage, volonté et endurance, car il s'agissait *d'accepter d'étouffer d'abord*, pour *respirer autrement*, comme les amphibiens sur les grèves du Dévonien[1], lorsqu'ils étaient passés *de la respiration branchiale à la respiration pulmonaire*. Satprem employait toujours des images frappantes…

Se rendre dans les recoins reculés de nos zones d'ombre pour les transformer en *puits de lumière* m'avait toujours paru l'une des gymnastiques les plus rébarbatives et complexes de la conscience. Et je ne suis pas sûre d'y être jamais arrivée. Mais en touchant ces *points névralgiques*, on touchait probablement à toutes les faiblesses humaines. On se les réappropriait. De là naissait la compassion. Et l'on saisissait pleinement à quel point nous étions tous Un, comme les *cellules d'un même corps*.

C'est pourquoi les images de Satprem résonnaient si singulièrement aujourd'hui, à l'heure où méditation et yoga étaient devenus des « best-sellers » partout dans le monde.

À l'heure où nous découvrions aussi l'influence de nos croyances sur le comportement de nos gènes, à travers des livres comme celui de Bruce Lipton[2].

Cette réflexion de Satprem faisait aussi écho à celle de son guide, Sri Aurobindo[3]:

---

1. Âge où sont apparus les premiers amphibiens, environ – 400 millions d'années.
2. Bruce Lipton, *La Biologie des croyances*, Ariane, 2007.
3. Satprem, *Évolution II*, Robert Laffont, 1992, ch. « Les deux bouts de l'expérience humaine ».

« Apprends que tu brûles ! Sers-toi de tout pour faire du feu dedans. Et le but est sûr car il s'est allumé avec la première étoile. »

Ici, un physicien pourrait objecter qu'il ne s'agissait là que de métaphores, avais-je lu quelque part, que le monde des particules et forces fondamentales de la physique quantique était très différent de l'univers de l'esprit, mais il se tromperait. Car cette *région inconcevable* d'où Satprem tirait la pensée des *chimistes* et Sri Aurobindo celles du *feu* ou d'une *étoile*, était précisément la même que celle d'où émergeait un photon.

C'était le cosmos !

Il se passait en nous des choses invisibles, hors de l'espace-temps. Des choses « intersidérales » qui nous reliaient au cosmos…

Chapitre 11

Ce passage de Satprem m'avait replacée sur la route de l'invisible. J'étais décidée à la creuser car elle avait sûrement un lien avec le cœur, mais j'étais encore loin d'imaginer ce que j'allais y trouver...

Même si nous n'en étions qu'aux balbutiements, certains chercheurs et scientifiques reconnaissaient aujourd'hui que l'intelligence avait des propriétés quantiques[1].

Les dernières études en neurosciences montraient en effet que les connexions neurologiques à l'origine de notre façon d'être n'étaient pas influencées par nos pensées, mais par nos émotions et nos sensations. Nos histoires d'enfance, nos liens parentaux ou tissés par l'éducation et l'environnement en témoignaient, tout comme nos randonnées en forêt, en montagne ou en

1. Stéphane Drouet, *L'Intelligence quantique du cœur*, Dangles, 2017 ; Deepak Chopra, *Le Corps quantique. Le fabuleux pouvoir de guérison de votre esprit*, J'ai lu, 2009, notamment.

mer, lorsque nous ne faisions qu'un avec la nature.

La neuroplasticité cérébrale et les lois de la physique quantique déterminaient en effet comment notre mental bâtissait notre réalité quotidienne. L'artisan principal en était le cœur, chef d'orchestre des cerveaux du ventre, de la tête et de la peau... comme l'avait démontré le test de Backster décrit auparavant par Pim van Lommel.

Une partie de nous était donc bien reliée à ce monde impalpable, à notre insu.

Cette *intelligence nouvelle génération*, s'appelait *quantique*, car elle se manifestait dans l'invisible et à distance, par l'intuition, les traits de génie ou les synchronicités entre autres...

Par exemple, nous avions tous dans nos souvenirs un être cher auquel nous pensions à un instant T, qui à ce moment précis, ou peu de temps après, se manifestait par un coup de fil. Ou bien, un sentiment de déjà-vu, déjà-vécu, de familiarité immédiate avec un lieu ou une personne...

Et cette faculté un peu magique nous simplifierait considérablement la vie si nous voulions bien nous y intéresser...

Cette envie me conduisit vers la biologie. De bibliothèque en bibliothèque, quelques livres vinrent éclairer ma route. L'un d'entre eux, *Le Corps quantique,* de Deepak Chopra, me parut contenir quelques clés.

Il y a quelques années, la découverte de petites protéines au nom amusant de *neuropeptides* avait permis de franchir un grand pas dans la compréhension de la frontière entre le monde du corps et celui de l'esprit. En d'autres termes, d'approcher la compréhension quantique. Car cette observation démontrait que le corps était suffisamment fluide pour s'harmoniser avec l'esprit.

« Grâce à des molécules messagères, des événements paraissant totalement étrangers l'un à l'autre – une pensée et une réaction physique par exemple – deviennent cohérents. Même si le neuropeptide n'est pas une pensée, il évolue avec elle, jouant le rôle de point de transformation[1]. »

Ce point de transformation était capital : on approchait de la zone mystérieuse entre les mondes visible et invisible, de la frontière entre les dimensions *matérielle* et *immatérielle* de nous-mêmes.

« Le siège de l'âme est là où le monde intérieur et le monde extérieur sont en contact, écrivait Novalis[2] au XVIIIe siècle. *Là où ils se pénètrent, il est dans chaque point de l'interpénétration*. »

Donc ces *neuropeptides* me parurent soudain de vrais héros de bandes dessinées ! Leurs danses aux points de contact stratégiques avec nos pensées permettaient d'entrevoir l'antichambre secrète où avait lieu la transformation d'une idée en *protéine*[3], d'une énergie en matière, en quelque sorte, et vice versa.

---

1. Deepak Chopra, *op. cit.*

2. Novalis (1772-1801) est un poète, romancier, philosophe de l'Électorat de Saxe. Il s'intéresse également aux sciences et laisse, après sa mort prématurée, des milliers de notes.

3. Simplification volontaire car le neuropeptide est un peptide sécrété par un neurone et ayant essentiellement une fonction de neuromodulateur. Ce sont des polypeptides

Rappelons qu'au niveau quantique, matière et énergie proviennent de quelque chose qui n'est *ni matière ni énergie*. Les physiciens l'appellent *singularité*[1]. C'est une construction abstraite qui n'est limitée ni dans le temps ni dans l'espace, mais une sorte de *compression de toutes les dimensions contenues dans l'expansion de l'univers*.

Le professeur Deepak Chopra désigne par *zone?*[2] la frontière de l'état quantique qui se trouve en nous.

Il le formule en ces termes : il s'agirait simplement de l'extension du neuropeptide qui peut réagir à la vitesse de l'éclair aux injonctions de l'esprit, car il se trouve à la frontière de la zone quantique.

Pour clarifier ce que signifie le mot « singularité », un petit retour en arrière s'impose : lors du *Big Bang*, tout l'univers avait jailli d'une *singularité* – telle est la théorie en vigueur chez les physiciens. On peut imaginer que cette *singularité* est plus petite que l'élément le plus petit qui soit !

---

ou de petites protéines, formées de quelques acides aminés jusqu'à plusieurs centaines.

1. Singularité : d'après le physicien Jean-Pierre Luminet, la singularité initiale marque, comme celle du trou noir, une réelle interruption (mais vers le passé cette fois) des lignes d'univers du fluide cosmique et donc du temps… (voir l'article : « Singularités et temps zéro : comment décrire l'univers », futura-sciences.com).

2. Le point d'interrogation est indispensable car il s'agit précisément d'une zone d'interrogation.

Or ce prodigieux phénomène de création survient à une tout autre échelle, *chaque fois que nous pensons quelque chose*...

Toutes nos pensées surgissent d'une dimension qui sait tout simplement comment organiser la matière et l'intelligence, l'esprit et la forme.

Mais là, nous entrons dans un autre monde...

Chapitre 12

Paris, mars 2020…

J'attends Paul au bord des quais. Sur le pont des Invalides, un bas-relief de la Révolution ouvre sa bouche en colère. Cette rage traverse les siècles pour venir jusqu'à nous. Ses ondes sont toujours là, mais la Seine n'en a cure, elle est ailleurs, dans ce couloir du temps où coulent seulement les vents et les brouillards, les pluies et les neiges que le soleil vient réchauffer. Elle entre en nous, frappant à notre porte si nous voulons bien la regarder. Silencieuse, protectrice et nourricière. Les sans-abri la voient-ils ? Ils ont construit leur palais de toile sous le pont, boivent à sa santé, boivent en langues étrangères.

Paul apparaît au loin, silhouette longue qui se détache des autres, vêtue d'un caban et d'une écharpe grise. Intemporelle. Unique à mes yeux, car il y a entre nous cette attrayante barrière que le mental me fait voir, mais qui n'existe pas dans le cœur. Derrière cette réalité indivisible, une seule source nous unit.

La réflexion d'un sage me revient en mémoire : ce que nous sommes dépend de la distance à laquelle se trouve l'observateur[1]. À quelques mètres plus ou moins, nous sommes humains, de plus près, au microscope nous sommes cellules, molécules, atomes ou particules... Vus de plus loin, nos corps se fondent dans les sociétés humaines, puis dans la terre, les étoiles et les galaxies ; nous sommes des systèmes hiérarchisés vivants, nous avons plusieurs couches comme les oignons. Et pour exister, nous avons besoin de chacune de ces couches. Notre identité humaine est seulement l'une de ces couches. Nous sommes aussi *sous-humains et supra-humains*.

Sri Aurobindo et La Mère[2] avaient précisé toutes ces strates au début du XXe siècle, élaborant une méthode[3] qui pouvait nous permettre de les harmoniser pour atteindre, un jour peut-être, un autre niveau de notre évolution humaine. Un humain imprégné de *divin*, source d'où nous provenions, disaient-ils, comme Teilhard de Chardin presque à la même époque...

---

1. Douglas Harding, fondateur d'une méthode d'unification de l'être, enseignée aujourd'hui par le philosophe José Le Roy.

2. La Mère est la compagne spirituelle de Sri Aurobindo. De son vrai nom, Mirra Alfassa, née à Paris de parents turcs et égyptiens. Elle a laissé plusieurs œuvres écrites, dont les fameux entretiens : *Les Agendas de Mère*, qui peuvent constituer un guide de vie. Elle est aussi à l'origine d'Auroville en Inde.

3. Le « yoga des cellules » de Sri Aurobindo.

Qui sommes-nous, au centre de ces couches multiples ? Personne ne peut le voir en dehors de nous. Nous ne voyons les êtres qu'à leur périphérie. Tout ce que nous avons à faire, c'est d'abord de nous regarder en plein centre. Puis de creuser là-dedans…

Paul me rejoint, m'entourant de ses bras. Une gratitude s'échappe, furtive, englobant tout.

— Pardon pour ce retard !

— Quel retard ?

Je n'ai rien remarqué. Avec lui revient le temps, redessinant l'espace, la bouche de l'effigie en colère, l'ombre des Gilets jaunes des mois précédents. Le présent redescend avec une étonnante douceur.

Nous commençons à marcher. Un petit air frais se glisse dans le maillage de nos vêtements. Le dos un peu courbé, j'évoque ma conversation avec Ervin.

Ce que tu entends par le cœur, c'est l'information de base, m'avait-il confié, ce qu'il considère dans son livre comme *la source*. C'est là d'où nous venons, notre unité avec le monde. Et pour percevoir cette unité, il faut retourner vers *cette source*… et avant de nous quitter, il avait ajouté :

— Le cœur est le plus grand véhicule, l'organe le plus important pour retourner à cette *source*.

— C'est encourageant ! dit Paul, semblant soudain percevoir l'intérêt de ma quête.

Puis nous en arrivons à cette zone mystérieuse où nos pensées se transforment en énergie, provoquant des réactions dans le corps.

— Si nous appliquions des intentions d'amour par exemple, cette sorte de « photosynthèse » pouvait peut-être sauver le monde… risquai-je.

Je lui décris alors la danse des *neuropeptides* autour de nos pensées, cette *antichambre vers le monde quantique*, amenant un sourire sur son visage.

— Tu vois ça vraiment comme ça ?

Je crois qu'il plaisante, mais il ne voit pas les choses de la même manière. Il trouve cela un peu trop abstrait…

Paul préfère d'autres figures de style pour parler de cette zone où s'effectuent les transformations quantiques, comme celle que laissait entrevoir par exemple, la *porosité du corps* décrite par Satprem.

Paul sait qu'il touche là une corde sensible : c'est parce que le corps de Satprem était devenu *poreux* sous l'effet de ce *travail cellulaire*, que nous n'avions jamais pu nous rencontrer physiquement. Il me l'avait décrit dans l'une de ses lettres soigneusement conservées. J'y reviendrai plus tard.

Pour Paul, en effet, ce passage minutieusement raconté a la saveur des choses vécues. Il matérialise en quelque sorte cette dimension invisible : Nous portons tous une atmosphère, quelque chose de détectable à distance par certains…

— Tu te rends compte que toutes nos pensées, nos intentions, même nos aspirations ont une influence sur nos cellules !

Il me jette un coup d'œil surpris, repousse du pied une canette de bière vide qui s'éloigne sur le quai dans un bruit de casserole, puis se ravisant, se retourne pour la ramasser.

— Bien sûr, c'est maintenant que tu le découvres ? sourit-il.

Un sac de plastique cerclé de fer reçoit l'objet au passage. Un détritus de plus sur le poids des déchets humains. Et la beauté de ces eaux...

Comment sortir de cet engrenage ? Être sur le qui-vive de la moindre pensée ? De l'acte le plus anodin ? Comment installer cette quête de vérité sans répit ? Parfois, le découragement flotte, cherche à entrer et je lui interdis l'accès. Une petite fatigue s'ensuit.

— Ça va très loin, tu sais, beaucoup plus loin qu'on ne le pense...

— Avant d'aller plus loin, tu devrais parler à un épigénéticien ! dit Paul.

Ervin m'avait recommandé la même chose. Il m'avait conseillé d'aller voir le professeur Biava, un chercheur en cancérologie dont la découverte était basée sur sa théorie.

Le mot « épigénéticien » ne me disait pas grand-chose, mais deux ans plus tôt, j'avais eu le temps de me familiariser avec ces petites *bulles* proliférantes si sensibles à leur environnement et dont nos corps étaient composés...

Chapitre 13

Paris, janvier 2018…

Jamais je n'aurais pensé que les cellules pouvaient exercer un attrait aussi palpable, avant de découvrir les écrits du biologiste cellulaire, le professeur Bruce Lipton.

C'est son regard d'enfant qui m'avait fait entrer dans cette histoire.

Imaginez un petit bonhomme de sept ans, hissé sur une plateforme juste assez haute pour appliquer son œil sur un microscope. Tout à coup, une paramécie[1] se met à nager dans son champ de vision. Tout son être est hypnotisé. Il découvre alors un monde étranger. Il voit cet organisme non pas comme une cellule, mais comme un être miniature, un être sensible et intelligent. Au lieu de se mouvoir sans but, cet organisme unicellulaire semble avoir une mission…

---

1. La paramécie est un genre d'organismes eucaryotes unicellulaires, ou protistes, dont certaines espèces sont couramment utilisées comme organisme modèle dans les laboratoires de microbiologie.

Beaucoup plus tard, Bruce les observe *en groupe* pour la première fois, à travers un microscope électronique[1] :

— Rendues à la pleine puissance, les cellules étaient grossies à plus de 100 000 fois leur dimension originale. C'était vraiment *Star Trek*, mais plutôt que d'entrer dans l'espace extraterrestre, nous avions plongé dans l'espace intraterrestre – là où jamais l'homme n'est allé.

Le microscope électronique l'a mis face aux molécules à l'origine même de la vie. Il sait que des indices, enfouis dans la *cytoarchitecture* des cellules, lui révéleront les mystères de la vie.

« Une seconde, j'observais une cellule miniature, écrit-il, et la seconde d'après, je m'envolais dans les profondeurs de son architecture moléculaire. »

Bruce comprend soudain que la vie d'une cellule est régie par son environnement physique et énergétique, et *non* par ses gènes. Les gènes sont de simples *plans moléculaires* servant à la construction de cellules, de tissus et d'organes.

L'environnement, quant à lui, est l'*entrepreneur* qui lit ces plans et les exécute. Il est l'ultime responsable du caractère de la vie d'une cellule. C'est la *conscience* que la cellule a de l'environnement, et non ses gènes, qui active les mécanismes de la vie.

En tant que biologiste cellulaire, il sait que cette révélation aura de grandes répercussions dans sa vie et celle de tous les humains. Il a la conscience aiguë que chaque être humain est composé

---

1. Bruce Lipton, *La Biologie des croyances. Comment affranchir la puissance de la conscience, de la matière et des miracles*, Ariane Éditions, 2006.

d'environ cinquante mille milliards de cellules individuelles.

Il sait aussi que si les cellules individuelles sont contrôlées par leur *conscience de l'environnement*, nous le sommes également, nous qui sommes constitués de cette immense population.

Et le plus intéressant, c'est qu'à l'instar de ces cellules individuelles, nos vies ne sont pas déterminées uniquement par nos gènes, mais par *nos réactions aux signaux environnementaux*.

Un peu comme des animaux en alerte, nos populations de cellules hument, répertorient, choisissent, partagent ou collaborent pour chercher le meilleur environnement, la meilleure occasion de croître, ou de laisser la place... Tout change à tout moment. De nouvelles connexions se créent. Ce qui signifiait qu'à notre échelle, nous n'étions pas « obligés » de répéter indéfiniment les mêmes manières de penser, ni les mêmes comportements. Aucun déterminisme n'est en place pour toujours.

Tout cela m'avait paru hautement stimulant. Tout de suite, j'avais fait un *saut quantique* en voyant un rapprochement avec l'aspect psychique qui nous reliait au cœur. Lorsque nous le laissions gouverner, toutes nos barrières s'envolaient...

Ma balade en forêt se profile à nouveau. Je ne lui ai rien demandé, mais elle est là, avec ces grands arbres qui se balancent au vent, cette joie que nous partageons, cette énergie qui nous pousse les uns vers les autres, unis par la lumière de l'aube comme les cellules d'un même corps...

Je la reçois sans chercher de lien, ni tenter de comprendre…

La voix de Satprem résonne :

« Il faut se traiter soi-même comme les chimistes traitent un corps inconnu… »

Chapitre 14

Paris, un peu avant le confinement…

— Je ne suis pas encore au bout de mes peines, dis-je à Paul. Il me manque encore d'autres travaux pour approfondir mes recherches !

La nuit même, une intuition m'a confirmé que le champ magnétique du cœur est bien la source essentielle pour comprendre sa portée réelle dans l'invisible.

Si cette porte s'ouvre, peut-être pourrons-nous redonner à notre cœur sa juste place dans notre monde et ce, quelles que soient nos religions ou nos origines ?

Paul n'est pas tout à fait de mon avis. Je le vois à son air brusquement assombri. Avec son Barbour kaki et son pantalon de velours beige, on dirait un chasseur à l'affût de la plus infime fluctuation d'air, de la formulation la plus ajustée. Intimidant, parfois…

— Je crains que tu ne sois déçue… je ne vois pas en quoi le fait de savoir ça, va changer quelque chose à nos comportements, puisque beaucoup d'entre eux nous y sont étrangers la plupart du temps !

Un petit regret s'impose, chaque fois que nos ondes n'arrivent pas à converger.

— Va essayer de savoir pourquoi tu agis d'une certaine manière et tu le regrettes ensuite ! poursuit-il. Si cela ne tenait qu'au cœur, ça se saurait ! Le subconscient et l'inconscient sont *les amis de nos amis*, tu vois ce que je veux dire…

Heureusement, un sourire ponctue sa réflexion. Les mains dans les poches, il poursuit sa marche, le regard ailleurs.

La Seine, aujourd'hui, a invité le vent. Les nuages se pressent, sombres portails éveillant ou éteignant la pluie. Des lambeaux d'or tentent de se frayer un chemin sur un morceau de pont, une statue, une façade, donnant à chacun un prix faramineux. Les joggeurs nous croisent, fidèles à leur musique, indifférents au reste…

A-t-il raison ? Peut-être… Paul est pour moi un levier de *travail* précieux, une sorte de noble outil contre lequel mes résistances, petitesses, limites se frottent comme un silex. Sa hauteur de vue force mon admiration. Toujours au plus près de lui-même, affûté dans son être comme dans son physique avenant qu'il entretient avec une discipline frisant l'austérité. Il émeut son entourage, l'impressionne. À l'heure de ce *trop-plein généralisé*, il fait figure de moine, pratiquant frugalité, marches, méditation, yoga, tout ce que les livres de bien-être distribuent de conseils, mais toujours maître à bord. Capable, s'il le faut, de couper ici pour ajouter là… Il pourrait être un modèle parfait, si je n'avais pas ce goût prononcé pour la remise en question, tout aussi lancinante que les vagues des plages de la mer d'Oman.

Pourtant, cela n'a guère d'importance. Telles les cellules d'un corps, nous nous éloignons, collaborons ou nous rejetons pour la survie de quelque chose en nous, reliés par une information secrète et bienveillante qui nous recouvre de son manteau doux et confortable.

Voici dix minutes que nous marchons, le silence s'est installé. Entre nous, juste l'espace commun de nos respirations.

Est-ce utile de lui expliquer que je ne connais pas les raisons de cette intuition, mais que c'est précisément ce qui m'attire ? Il le sait. Parfois, il y a juste de sa part comme une désaffection de cet intime, qu'il se retirait, ne le voulant plus.

Depuis cette *reprogrammation intérieure*, c'est ainsi, de temps à autre. Quelque chose semble vouloir à ma place, me guidant, y compris vers les obstacles. Je sais qu'il faut accepter de les traverser pour les voir disparaître, mais c'est dur, car il y a cet aimant entre nous qui dit le contraire.

— Peu importe que je sois déçue ou non, lui dis-je. Il y a toujours un risque… si tu ne te mets pas en danger, comment le savoir ?

— On ne le sait qu'après, je l'admets…

La marche silencieuse reprend. Teintée de gratitude cette fois. S'il n'avait pas attiré mon attention sur cet « inconscient », jamais je n'aurais pensé à poser la question de son rôle, sous la forme électromagnétique, à l'un des chercheurs que j'allais rencontrer prochainement. Le professeur Carlo Ventura, professeur de biologie moléculaire à l'université de Bologne.

Je voudrais souvent embrasser Paul pour ses réactions inspirantes, mais une pudeur ancienne me retient, que nous partageons. Certains non-dits construisent la chair des relations. Il faut juste veiller à ce qu'elle ne soit pas source de souffrance pour l'autre, ni pour soi.

Chapitre 15

Les jours s'écoulent et se ressemblent. Un étau s'étend sur la ville, propageant ses ondes anxiogènes. Même la Seine est en crue. Ses bouillonnements s'étendent à certaines parties des quais, nous contraignant Paul et moi à nous plier sous la tombée des ponts. Les joggeurs se font rares. L'eau nous fait signe, alarme et nourriture comme une mère impuissante à attirer l'attention de ses enfants. Le silence nous habite. Que se passe-t-il exactement ? On dirait une conspiration macabre surgissant du cosmos...

Une pulsion m'étreint le cœur. Dix ans plus tôt, ma mère quittait ce monde. Son sourire flotte encore quelque part, comme celui de Mudrooroo l'aborigène, de Satprem, de tous les êtres aimés. Dans cette partie de la terre et bientôt peut-être partout, nous assistons à un processus étrange et mortifère, dont nul ne connaît la fin. Nous sommes saturés d'informations inquiétantes, répétitives comme ces coulées d'eaux dont on ne sait ni quand ni où elles s'arrêteront.

Le professeur Ventura vient de répondre positivement à ma demande d'interview. Notre entretien doit avoir lieu par visioconférence la semaine prochaine. J'ai vu son visage sur le Web, celui d'un homme à l'humanité éclairée, tranquille, projetant sa passion dans l'écoulement de détails comme un fil d'Ariane. Mes questions se sont chargées au fur et à mesure. Des souvenirs s'imposent, venus de très loin…

« Tous les hommes, mentalement développés, déclarait Sri Aurobindo au début du XXe siècle, ceux qui sont au-dessus de la moyenne, doivent d'une façon ou d'une autre, du moins à certains moments de l'existence et à certaines fins, séparer les deux parties de leur mental : la partie active, qui est une fabrique de pensées, et la partie calme et maîtresse, qui est à la fois Témoin et Volonté, qui observe, juge, rejette, élimine ou accepte les pensées, imposant les corrections et les changements ; c'est le Maître dans la maison mentale, capable d'empire sur soi[1]. »

Jamais nous n'avions eu autant besoin de cette maîtrise des informations pour contrôler nos émotions et affûter notre discernement. Jamais à ce point tous ces scientifiques et chercheurs qui incarnaient cette démarche ne nous avaient paru si nécessaires, en tirant les hommes vers le haut.

Un petit coup d'œil à Paul me conforte dans cette idée. Et le silence l'inscrit encore davantage, alors qu'il se penche pour m'ouvrir le chemin,

1. Sri Aurobindo, *Les Bases du Yoga*, éditions de l'Ashram de Sri Aurobindo, 1973.

évitant une langue d'eau qui se répand jusqu'à la tombée du pont.

Non seulement ces chercheurs étaient ces *maîtres* décrits par Sri Aurobindo, mais tout en étant d'une certaine manière dans le mental, ils en *sortaient* pour ainsi dire, et se *tenaient au-dessus*, ou complètement en arrière, *libres*.

Et si c'était cela, qui nous était demandé ?

L'eau s'infiltre dans mes chaussures, les rendant spongieuses et sonores ; une diversion incongrue tout à coup, au milieu de cette cataracte *digitalo-consumériste macabre* dont nous étions abreuvés.

Allions-nous nous laisser piéger ?

J'avais été frappée par un aphorisme de Sri Aurobindo :

« Les pensées viennent du dehors, du Mental universel ou de la Nature universelle, parfois formées et distinctes, parfois sans forme, puis elles reçoivent une forme quelque part en nous. »

Les neuropeptides nous avaient indiqué un chemin. À un point précis du vide, à un instant T, nos pensées étaient photons ou particules, énergies ou matières...

N'avions-nous pas une responsabilité là-dedans ? Celle de les accepter ou non ?

Car le visionnaire indien allait encore plus loin :

« La principale occupation de notre mental est de répondre, d'accepter ou de refuser ces ondes de pensée (de même pour les ondes vitales et les ondes d'énergie du physique subtil), ou encore, de donner une forme mentale personnelle à cette substance mentale (ou aux mouvements vitaux) venus de la Nature-Force environnante. »

Ce qu'il appelait *Nature-Force environnante* venait de nous envoyer ce virus comme une *fleur du mal poussant au contact entre le monde intérieur et l'extérieur*, pour reprendre la métaphore d'un écrivain contemporain qui prédisait justement : « S'il épargne l'intégrité de notre organisme, il révélera la solidité de notre âme[1] ».

Une fleur du mal, pour nous contraindre à quelque chose…

Il s'agissait sans doute de cette information provenant de *ce quelque chose qui opérait à un niveau plus élevé*, comme l'avait suggéré Ervin. Et pour tous ces chercheurs qui incluaient à leur vision la physique *quantique*, c'était bien ce *champ d'information pénétrant toute la matière*, qu'ils nommaient selon les cas, *champ d'information unifié*, *plenum* ou « *champ akashique* » selon le terme soigneusement choisi par Ervin.

Un champ qui nous englobait tous et nous guidait, si nous voulions bien le voir…

---

1. Grand entretien avec Sylvain Tesson par Vincent Trémolet de Villers, *Le Figaro*, 19 mars 2020.

Chapitre 16

Sud de la France, avril 2020…

Ervin m'avait recommandé le professeur Pier Mario Biava, chercheur en cancérologie, arguant qu'il y avait une étape indispensable si je voulais mieux comprendre l'origine du cœur dans le corps humain et notamment sa place parmi les autres organes.

— Aujourd'hui, la science semble parvenir aux mêmes conclusions que les peuples premiers ou les mystiques ! avait-il souligné, c'est particulièrement frappant lorsqu'on regarde la branche récente de l'épigénétique[1] !

Pier Mario Biava, ancien professeur à l'école de médecine de Trieste avait en effet fait une découverte capitale durant l'embryogenèse…

Laszlo n'avait pas voulu m'en dire plus.

Intriguée, j'avais lu le livre qu'ils avaient écrit[2] ensemble et pu constater en quoi ils se rejoignaient.

1. L'épigénétique étudie la nature des mécanismes qui modifient le comportement des gènes.

2. Ervin Laszlo et Pier Mario Biava, *Information Medicine*, Healing Arts Press, Rochester (Vermont), 2019.

Les deux hommes auraient pu décrire la genèse avec ces mots :

— Au commencement, était une information capable d'inter-agir avec la matière...

Ils ouvraient ainsi l'un des grands mystères du vivant...

Rencontrer cet épigénéticien revenait donc à s'approcher de cette *terra incognita*, aborder au plus près les mécanismes de la matière où s'immisçaient les lois de l'invisible.

Ou pour reprendre l'expression de Bruce Lipton, *plonger dans l'espace intraterrestre, là où jamais l'homme n'était allé*. Une étape singulièrement fascinante à laquelle les neuropeptides m'avaient préparée.

Pier Mario Biava était basé à l'Institut de recherches et de traitements multimédias de Milan.

Mais à cause du confinement, nos échanges allaient avoir lieu par écrans interposés.

Derrière sa discrétion et ses traits affables, on devinait très vite qu'il cachait une passion pour les origines physiologiques du vivant qu'il traquait depuis toujours. C'était en particulier l'impact des causes environnementales sur les cellules qui l'intéressait, notamment celles qui engendraient le cancer...

J'avais encore en tête que nos vies n'étaient pas déterminées uniquement par nos gènes, mais par nos réactions aux signaux environnementaux, son approche me parut donc particulièrement intéressante. Mais dans quelle mesure pouvait-elle répondre à la question du cœur ? J'avais hâte de le savoir...

Il y a longtemps, me dit-il, un livre avait éveillé sa curiosité. Il décrivait les différents effets, dus à des causes ou des agents, qui agissaient durant la grossesse.

C'est ainsi que, jusqu'à aujourd'hui, Pier Mario Biava s'était focalisé sur les différentes étapes du développement embryonnaire.

Le commencement de la vie contenait en effet des facteurs déterminants. Personne ne le niera. Ne serait-ce que parce que c'est au cours de cette *genèse* que se produisaient parfois des « événements » qui auraient des conséquences sur la vie du futur adulte, dont certains resteraient toujours mystérieux...

Quelque temps plus tard, une découverte allait mobiliser toute son attention.

— J'avais remarqué, dit le chercheur, que si l'on administre des substances actives durant la période où les organes majeurs sont en train de se développer, il n'y a aucune chance pour que ceux-ci développent un cancer.

En revanche, une fois que la formation des organes a eu lieu, administrer ces mêmes substances provoque cette maladie.

Alors, la question c'était : pourquoi ça marche avant et pas après ?

On aurait dit que l'éminent chercheur tirait sa charrue, guidé par une étoile.

— Pour comprendre cette problématique, poursuit-il, il faut se remémorer les multiples étapes du développement de l'embryon. Tout de suite après la fécondation, les cellules se divisent et à partir d'une seule, des milliards d'autres se développent...

Plus que le nombre d'étoiles dans l'univers ! fait-il remarquer, justifiant inopinément l'image qu'il vient de m'inspirer.

Et cet univers spécifique de cellules organisées devient un homme ou une femme, ajoute Biava, imperturbablement.

Puis il reprend son raisonnement :

— Dans la seconde partie de l'embryogenèse, les cellules vont se diviser en trois types différents, lesquels vont générer tous les organes et les tissus du corps humain.

Ces petites alvéoles protubérantes dans leur fluide aqueux me sont désormais si familières que j'ai une pointe d'émotion en les imaginant en train de se multiplier pour bâtir nos fondations vitales. La vie des cellules a bien un but ! affirmait Bruce Lipton. Il était donc dans le vrai.

— La multiplication de ces processus de différenciation va produire deux cent cinquante-deux types différents de cellules, précise le chercheur, chacune avec une fonction précise. Et toutes ces cellules vont se multiplier jusqu'aux milliards...

Jamais je n'avais vu aussi clairement l'importance de ces petites populations grouillantes dans nos vies. Un parallèle surgit, incongru, avec les dix milliards d'individus que nous allions bientôt devenir sur la planète... mais était-ce comparable ?

Pas le temps d'y songer, car Biavia semble amorcer un tournant important :

— Alors, j'ai compris d'un coup qu'au moment précis où ces cellules se différencient, les facteurs responsables de cette différenciation étaient capables d'empêcher ou de corriger tous les dommages infligés par des causes ou des agents à ces cellules souches indifférenciées.

Soudain, ma pression artérielle s'accélère. Pier Mario Biava est-il en train de dire qu'il y a un moment précis dans le développement d'un être vivant, où une *information*, une sorte *d'instruction*, le protégerait contre toute « invasion étrangère » ?

Je n'ose pas lui formuler la question avant d'écouter la suite. Il semble en effet soucieux de m'entraîner dans son processus de pensée :

— Quand j'ai fait cette découverte, ma question est devenue : est-ce qu'on peut prendre tous les facteurs responsables de la différenciation des différents types de cellules souches et les inoculer à des tumeurs ? Car, au fond, ces tumeurs ressemblent à des cellules souches humaines altérées. Et si c'est le cas, ne pourrait-on pas, d'une certaine manière, les reprogrammer ?

Reprogrammer les cellules avec une sorte d'instruction préventive correctrice ? Quelque chose m'indique que nous approchons du but. Sans très bien savoir pourquoi, j'extirpe un petit carnet de ma poche et me mets à prendre des notes. Ça me rappelle quelque chose... Mais quoi au juste ?

Pendant ce temps-là, dans un souci pédagogique, Pier Mario Biava récapitule :

— Il faut savoir que l'ADN encode toutes les instructions essentielles pour le développement et le fonctionnement d'un organisme. Chaque cellule de cet organisme contient tout son code génétique.

Et, bien que tous ne soient pas actifs - cela dépend en effet du type de cellule et de sa fonction dans le corps -, certains gènes peuvent s'allumer, c'est-à-dire s'exprimer, tandis que d'autres vont s'éteindre.

Jusque-là, rien ne me paraît trop ardu. Mais Biava va plus loin :

— Cet allumage ou extinction des gènes exprime la façon dont les cellules se différencient, précise-t-il. Un neurone ou une cellule du foie contiennent le même ADN, mais ce qui change, c'est quel gène est allumé ou éteint.

Voici « le nerf de la guerre ». Je ne veux perdre aucun détail. J'essaie d'imaginer l'ADN comme un panneau de LEDs. Chaque LED représente les différents gènes. La LED *allumée* est un gène qui *s'exprime*, a-t-il dit. Le cœur, le cerveau, les reins, toutes les parties du corps se développent en fonction de l'allumage de ces gènes. La commande *on* ou *off* est codée par une information épigénétique qui agit sur ces gènes.

— Il existe en effet une instruction qui détermine l'allumage ou l'extinction de tel ou tel gène, distille le chercheur, renforçant l'image de la LED, c'est le *code épigénétique*. Un peu comme un chef d'orchestre, ce code est capable de coordonner toutes les instructions qui organisent la vie.

Si j'ai bien compris, Biava avait repéré un moment précis de l'embryogenèse où le *code épigénétique*, ce mécanisme qui influençait la programmation des gènes, avait atteint une sorte d'accord parfait, d'apothéose. Un point d'équilibre capable de lancer ou de reconstruire le cycle de vie d'une seule cellule ! Quelque chose comme un allumage impeccable qui fait décoller une fusée…

Alors mon imagination s'emballe. J'y vois autre chose. Un miracle. Le code secret de la vie.

Une instruction venue du ciel immiscée dans la symbiose d'une mère féconde et de son enfant ! Oubliés les hermaphrodites et autres combinaisons de la nature ! Le cœur fait son travail… Bientôt j'en saurai plus, je le sens.

Il me faut quelques secondes pour revenir sur terre. Constater qu'au-delà de ces considérations romanesques, il s'agit en effet d'une découverte clé pour la *médecine de l'information*.

En somme, il existe un moment précis où le mécanisme de reprogrammation physiologique des cellules est en parfait équilibre dans l'embryon. Au point qu'à cet instant-là, il est capable de reconstruire le cycle de vie d'une seule cellule.

L'œil de cet éminent chercheur ne s'y était pas trompé.

En inoculant par la suite à des patients atteints de cancer, des protéines obtenues à partir de cellules embryonnaires de poissons zèbres à cette étape précise de leur développement – car curieusement, le *code épigénétique* de ces petits animaux est similaire à 90 % aux protéines humaines –, Biava et son équipe avaient réussi à stopper ou ralentir de nombreuses maladies.

L'épigénéticien me semble à présent s'élever dans le cercle restreint des génies.

Mais l'homme sérieux et concentré ne se doute de rien. Installé dans son fauteuil, rompant avec l'austérité des tabourets de laboratoire, il est heureusement à des années-lumière de mes élucubrations mentales.

Chapitre 17

Ervin, Biava et son équipe venaient d'ouvrir un nouveau chapitre de l'humain. Une nouvelle page qui englobait son bien-être.

Pour la première fois, l'humain n'était désormais plus considéré comme un système d'organes et d'opérateurs interconnectés, mais en étroite relation avec quelque chose de plus profond connecté à un *Tout*.

Les cellules, les organes et les opérateurs semblent être la démonstration de *quelque chose qui opérait à un niveau plus élevé,* faisaient-ils remarquer.

Un champ d'information pénétrant toute la matière…

Quel rôle le cœur y jouait-il ? J'allais bientôt le savoir…

— Cette *information* est en fait le fondement de toute notre existence, m'avait dit le professeur Biava pour conclure. C'est ce qui génère la vie et tout ce qui existe dans l'univers.

Donc au cœur de l'univers de la vie, il n'y a pas que l'énergie de la matière, mais avant tout, de *l'information*.

Cette nouvelle donne avait provoqué une excitation soudaine. D'un coup, je m'étais souvenue de ce qui m'avait titillé durant l'entretien, au moment où Biava avait parlé de reprogrammer les cellules avec une sorte d'instruction surgissant à un moment clé de l'embryogenèse : ce fameux code épigénétique de la vie me rappelait un épisode de Satprem !

Presque un siècle auparavant, La Mère[1] avait fait à Satprem la déclaration suivante :

« Cette vibration nouvelle dans le corps m'a permis de comprendre le mécanisme de la “transformation” : c'est le corps lui-même qui s'éveille dans ses cellules, c'est une liberté des cellules elles-mêmes, une vibration toute nouvelle et les désordres se réparent… »

Cette vibration « guérisseuse » avait-elle un rapport avec ce code épigénétique, l'instruction fondamentale de la vie ?

S'agissait-il de cette force nouvelle que Sri Aurobindo qualifiait du nom étrange de « supramentale[2] » ? Et qu'il définissait ainsi : « Au lieu d'être un pouvoir inconscient, une sorte d'instinct animal, ignorant du mouvement qui le pousse, il s'agira d'un pouvoir conscient qui connaît cette force et la laisse agir à travers lui. Car la conscience est Une, comme la matière est Une. »

Pouvait-on, sans risquer de passer pour « illuminée », faire un rapprochement entre ces phénomènes ressentis par La Mère, théorisés par

---

1. Thérèse Brosse, *Sri Aurobindo-Mère : Shiva-Sakhti ou le laboratoire de l'homme de demain*, Dervy-Livres, 1990.

2. « Force supramentale », *ibid.*

Sri Aurobindo, et *l'information* dont parlaient Ervin et Biava ?

Personne à ce stade ne pouvait, semble-t-il, répondre à cette question.

Tout au plus, ceux qui connaissaient un peu Sri Aurobindo pouvaient-ils imaginer l'irruption de cette *force* comme une sorte de *grâce vectrice de foi*, ou plus prosaïquement de courant électrique venu du cosmos, introduisant dans les cellules cette nouvelle conscience qui modifiait leur essence, leur rendant leur pouvoir originel, celui de *cellules souches réparatrices* promouvant la vie… mais il s'agissait bien sûr de spéculations…

Quant à ceux qui avaient des notions de physique quantique, ils penseraient éventuellement que cette information se trouvait dans ce fameux *vide qui n'en était pas un*, parce qu'il contenait des *informations non matérialisées*, qu'on appelait aussi des *probabilités*…

Autant de questions qui allaient rester en suspens pour longtemps encore…

Mais Sri Aurobindo, au début du siècle dernier, avait été encore beaucoup plus loin. Au risque de n'être pas compris.

Pour lui, ce mécanisme de transformation de l'homme signifiait que tout cet « arrangement purement matériel du corps serait [*en réalité, il employait le futur*] remplacé par une combinaison de concentrations de forces selon les types de vibrations variées, qui remplacerait chaque organe par un centre d'énergie consciente, animé par une volonté éveillée et guidé par un mouvement venu d'en haut, des régions supérieures. Plus d'estomac, de cœur, de circulation, de poumon… tout cela disparaîtrait. Mais serait remplacé par un ensemble de vibrations représentant symboliquement la réalité de ces organes. Car ceux-ci deviendraient simplement les symboles matériels de ces centres d'énergie[1]. »

On en était loin… si loin qu'on pouvait se demander s'il ne s'agissait pas de science-fiction…

Peut-être était-ce aussi le point de vue du « disciple » qui demanda un jour à Sri Aurobindo : « Combien de temps cela prendra pour que le corps se transforme ? »

Il répondit sans hésiter : « Quelque chose comme trois cents ans… »

— Mais trois cents ans à partir de quand ?

— Trois cents ans à partir du moment où l'on aura cette conscience dont je viens de parler.

« La conclusion vers laquelle il faudra[it] vous fixer, avait-il ajouté, c'est de prolonger la vie à votre gré : ne quitter le corps que lorsqu'on le veut[2]. »

Sri Aurobindo *quitta le sien* le 5 décembre 1950. Il avait prévenu La Mère.

Il connaissait déjà le code de la vie.

Soixante-dix ans se sont écoulés. Nous sommes encore loin des trois cents ans présagés…

---

1. « Sri Aurobindo and the Mother on transformation », *Booklet* n° 25, p. 33. Il s'agit d'une compilation des écrits de Sri Aurobindo et La Mère publiée par la Sri Aurobindo Society.

2. *Ibid.*, p. 32.

Je ne sais pas si l'occasion me sera donnée d'en savoir davantage durant ma propre vie, mais je me souviens que lors de notre première rencontre, en 2006, Ervin avait prédit qu'un nouveau paradigme était en train de naître.

Chapitre 18

Le printemps dépose sa douceur sur les toits, nidifiant les cimes, les buissons, le creux des rochers de l'île Verte. Dans l'entrebâillement des persiennes, partout où les rayons pointent leurs faisceaux, de nouvelles vies se préparent, de nouveaux visages. Tout semble attentif dans les moindres détails à ces instructions venues de *l'horloge circadienne* du cosmos. Tout, y compris la mer, dialoguant avec le ciel en gerbes de vagues et traînées de vent.

Et pendant ce temps-là, nos cellules collaborent, dialoguent, s'ajustent en permanence à ces partitions secrètes.

« Comme je le savais intuitivement quand j'étais enfant, avait noté Bruce Lipton, ces cellules intelligentes sont animées d'une intention et d'un but. Elles recherchent activement les milieux qui favorisent leur survie, tout en évitant ceux qui leur sont toxiques ou hostiles. »

Contrairement à de nombreux humains, une cellule individuelle analyse les milliers de stimuli de son micromilieu. Et ce faisant, elle adopte la réaction comportementale précise qui assure sa survie, s'harmonisant en quelque sorte à la cohérence parfaite, la partition la plus élevée du corps et de son environnement.

Une rébellion s'insurge, promise à l'échec : qu'est-ce qu'on attend pour établir un pont entre le comportement de nos populations de cellules et nos agissements sociaux ? Pour s'inspirer de leurs processus et de leurs interactions, alors que nous nous croyons seuls face à nous-mêmes, confinés dans les espaces restreints de notre mental limité, apeurés par l'apparition de ce virus comme de tout phénomène nouveau et inexpliqué !

Qu'attendons-nous pour constater que, si le cœur est un diapason, l'impulsion qui le fait résonner nous appartient ?

Tout, en effet, ici-bas, n'est que vibrations, résonances, échos, tout n'est qu'ajustements à cette partition primordiale qui nous dépasse fort heureusement pour nous sortir de ce nombrilisme destructeur et chercher comme nos cellules, ce que nous avons en commun qui assure notre survie.

Il suffit d'écouter le vent et les autres, de sentir leurs peines à la mesure de celles qui se cachent en nous, de lever la tête pour compter les étoiles, de nous imaginer poussières venues de là-haut, de baisser le nez vers la terre, son humus et ses racines nourries par ces enveloppes de chair que nous avons empruntées et quitterons un jour…

Du point le plus élevé du cosmos au plus profond de l'atome, à quelque échelle que nous regardions, ne sommes-nous pas juste des informations manifestées parmi d'autres dans des univers illimités, des batteries de sons et lumières, de vibrations engoncées dans des peaux agitées et résonnantes ?

Avons-nous oublié qu'au-delà de l'invisible, cet « *implicate order* » (l'ordre impliqué) dont parlait le physicien David Bohm, ce qu'on voit est juste l'envers de la médaille qu'il qualifiait de « *explicate order* » (l'ordre expliqué), en d'autres termes, les deux faces d'une même médaille !

La vie est née d'un son primordial, postulent aujourd'hui de nombreux chercheurs, pour ceux qui n'y croiraient pas encore.

— Telles les notes d'un grand orchestre, les cellules coordonnent les choses et donnent naissance à la symphonie de la vie, avait noté Ervin, fidèle à son passé de musicien.

Et en ce printemps naissant, toutes ces visions se rejoignent créant un parfum envoûtant, à l'opposé de ce qui nous est susurré sur les ondes, un parfum frais, libérateur, que n'importe qui peut ressentir, rien qu'en marchant le long de ces quais, fouetté par le vent du large.

Et ce monologue continue, car il est produit par la joie : oui, c'est vrai qu'à l'origine de la matière et de la vie organique, il y a une information qui organise chaque molécule singulière…

Mais qui gouverne et contrôle ce processus ? Voilà la question !

L'information qui dirige les choix dans l'organisme est d'origine supra-biologique avaient conclu Ervin et Pier Mario Biava.

Sur le plan ultime, c'est un effet d'attracteur qui forme et structure les processus dans l'univers…

Il faut imaginer quelque chose qui tire, dirige, ouvre des systèmes complexes vers un enjeu, une finalité, précisait encore Ervin.

On a longtemps pensé en science qu'un tel enjeu ne pouvait pas exister, car cela signifiait qu'un « *Dieu au-dessus de la nature* », en quelque sorte, nous donnerait des instructions…

Au lieu de voir que l'Esprit est déjà là, comme les grandes religions orientales et occidentales le savent depuis des millénaires…

Bien sûr, on peut toujours se demander ce que valent ces théories devant la vision de simples mâts se balançant en rythme sous la baguette du vent, de coques chamarrées et des reflets de ciel sur l'arrondi d'un port, d'embardées de mistral tels les flûtes et hautbois d'un grand orchestre. C'est aussi cela l'essentiel, sans doute.

Chapitre 19

En génétique, il y a peu, les scientifiques pensaient que l'ADN englobait toutes les informations nécessaires à la vie, mais de nouvelles recherches semblent démontrer qu'il y a quelque chose d'encore plus important que l'ADN. Ce sont les sons notamment, qui coordonnent chaque atome singulier.

— Le son est une vibration, avait cru bon de préciser Ervin, et les vibrations sont des véhicules d'information. Il suffit de penser aux portables ou à la télévision, l'information circule à travers les ondes qui vibrent et se répandent dans l'espace. C'est notamment le son qui est porteur de l'information à l'origine de la vie. Il donne des ordres à chaque molécule, chaque cellule singulière. Et le cœur est le chef d'orchestre.

Cette précision était d'autant plus fascinante qu'elle entrait en résonance avec une autre découverte qui m'avait frappée dans un tout autre domaine.

De 2009 à 2012, j'avais eu la chance de collaborer avec l'astrophysicien George Smoot, prix Nobel de physique[1] en 2006.

Il avait réussi à cartographier l'histoire de notre univers à partir des fluctuations de température dans le fonds diffus cosmologique perçue par Penzias et Wilson en 1965.

— Bien qu'ils soient inaudibles par excellence, m'avait expliqué George, ces ultrasons nous parviennent encore !

Ils se propagent parmi les ondes dans lesquelles nous sommes immergés.

Tout ceci m'avait donné le vertige. Imaginer un seul instant que ces radiations du Big Bang circulaient encore autour et à travers nous, c'était comme percevoir toute la création en une seconde, des amas d'étoiles jusqu'au moindre atome de nos corps ! Et tout cela, élaboré en fréquences sonores, synchronisé en une partition grandiose, mise en musique à notre insu !

Puis j'avais pensé à Ervin[2] qui avait écrit à ce propos :

« Il y a environ 13,8 milliards d'années, le Big Bang avait fait vibrer l'état fondamental du cosmos, produisant des ondulations que George appelait avec humour *les rides du temps*[3], dans ce qui avait dû être un état primordial homogène. »

Ces ondulations étaient des séries de vibrations en coïncidences de phases et de fréquences

1. Avec John Mather.
2. Ervin Laszlo, Pier Mario Biava, *op. cit.*, p. 6.
3. George Smoot, *Les Rides du Temps – L'univers, 300 000 ans après le Big Bang*, Flammarion, 1994.

qui formèrent des « choses » connaissables et reconnaissables dans un arrière-plan de vibrations indifférenciées et apparemment chaotiques. Quelque chose comme des grappes d'éléments interagirent et créèrent des « macro-choses » de plus en plus grandes et structurées. Ce sont ces choses que nous percevons comme une sorte d'équipement matériel de l'univers. Ils surgissent à travers des processus d'ordonnance progressifs et structurés que nous appelons *l'évolution*.

Il suffisait d'imaginer à quel point nous étions changeants dans notre *matière intime* pour nous figurer tout cela. Les diverses sagesses, religions et philosophies du monde nous aidaient à intégrer ces données depuis des millénaires. N'étions-nous pas, sans le savoir, en train de nous réinventer à chaque seconde ? Les ondes qui nous unissaient ou nous repoussaient, fluctuantes, nous obligeaient à un réajustement permanent. Et ce qui était vrai pour nous, l'était pour les plantes comme les animaux dans les endroits les plus reculés du monde.

Cette plasticité n'était-elle pas notre plus grand atout dans cette impermanence universelle ? À présent, un virus nous obligeait à vivre l'incertitude permanente. Si nous l'acceptions comme un paramètre de plus dans notre évolution, nous cesserions de craindre et de nous construire des barrages. Le présent deviendrait la toile où s'inscriraient nos créations.

Chapitre 20

Si nous ne savions rien de plus précis sur nos origines, certains scientifiques convenaient qu'une *in-formation*[1] en quelque sorte *pluripotente et protéiforme* agissait dans la matière, et pas uniquement au niveau des laboratoires…

Ce mystère m'était apparu un jour, sous une forme inattendue que j'allais découvrir « à mes dépens », si j'ose dire…

En 2001, Satprem m'avait envoyé une lettre qui expliquait précisément pourquoi nous ne pourrions jamais nous rencontrer.

Quand je l'avais lue, je n'avais pas compris le sens de ses mots. Un reste d'adolescence attardée s'était révolté. Ne jamais le voir m'était insupportable. Ce *travail cellulaire* dont il parlait, exaspérant d'opacité, indicible, intransmissible. Je lui en avais voulu au point de ranger la lettre pour oublier son

1. *In-formation* : ici, le terme est employé avec un trait d'union pour marquer le sens où le physicien David Bohm l'employait ; quelque chose qui est actif, produit un effet.

existence. Cet acte imbécile n'avait fait, bien sûr, qu'accentuer sa présence.

Quelques heures plus tard, l'émotion éteinte, je l'avais reprise pour la relire encore et encore et, peu à peu, mon cœur s'était apaisé au point de ressentir une certaine gratitude. *Ne pas comprendre* laissait place à un mystère insidieusement nourrissant. Il avait simplement décodé qu'il s'agissait de quelque chose d'essentiel.

Quelque chose d'inconnu se passait dans la matière dont Satprem avait connaissance, ou plus exactement lui et tous ceux qui s'étaient plongés dans cet étrange labeur appelé « yoga des cellules ».

Voilà comment il le décrivait dans sa lettre, datée du 3 juin 2001...

« Je découvre tous les jours des merveilles silencieuses, écrivait-il. Tout est à aimer et à découvrir. J'ai l'impression parfois (mais mille fois par jour) d'être comme un premier païen qui adore et c'est un perpétuel Devenir qui devient de plus en plus, et où cela s'arrête-t-il ?

C'est dommage, mon travail dans ce corps, ces milliards de cellules qui s'explorent et se creusent sans fin, est trop intensément exigeant, et en même temps un peu terrible, comme si c'était la terre entière qui creusait et se heurtait contre elle-même : on ne "devient" pas tout seul.

C'est tout qui est "à devenir" ou "en devenir". Cela m'empêche physiquement, corporellement, de rencontrer une sœur tendre comme toi, qui voudrait tant mieux faire comprendre à d'autres ce qu'elle aime... »

En acceptant de ne jamais le voir, j'étais entrée dans la toute-puissance du cœur. Et je n'allais jamais le regretter... Cette impossibilité physique décuplait la valeur de ce lien. Je commençais seulement à entrevoir la force propagée par les ondes à distance. Et ce qui était vrai pour ce lien l'était pour tous ceux créés par l'amour qui unissait vivants et morts, aussi banal et déroutant que cela puisse apparaître.

À travers cet organe et son champ magnétique, je m'étais pour ainsi dire engouffrée dans la *porosité* de Satprem, dans ses cellules de plus en plus épurées, dans leur maillage translucide qui laissait apparaître un autre état. Un état où cohabitait cette autre réalité, en doublure de la nôtre...

Sri Aurobindo avait parfaitement décrit ce qui se produisait[1] :

« De même qu'en chimie, une vibration a tel effet, telle attitude et des effets modificateurs, pour "éclaircir la substance", il faut entrer dans la "substance" pour en faire sortir tous les encombrements évolutifs.

Au-dessous d'eux, c'est pur, naturel et automatiquement puissant ; le véritable naturel, c'est l'ultime guérison de quoi que ce soit... »

Impossible de ne pas penser aux cellules souches et à ce fameux code épigénétique à l'instant précédant

1. Thérèse Brosse, *op. cit.*

la différenciation cellulaire. Ce moment extraordinaire où ses instructions semblent dans un équilibre parfait, capable de reprogrammer les cellules comme à leur origine…

Les observations du grand visionnaire indien semblaient se vérifier dans les laboratoires, près d'un siècle plus tard…

DEUXIÈME PARTIE

La conscience du cœur : une cognition subtile et un organe de cohérence créant une harmonie tout au long de la vie...

Chapitre 1

Sud de la France, avril 2020…

Cette fois, le Covid-19 s'impose. Les frontières sont fermées depuis plusieurs semaines. Nuit et jour, le virus est omniprésent dans les médias. À l'extérieur, nous sommes invités à un curieux bal masqué. Où est l'hôte ? Tout ceci est-il bien réel ? Une chappe de plomb descend sur la Terre, enfermant les humains dans cette cage surréaliste, à la mesure de la confusion qui règne.

J'apprends que le professeur Carlo Ventura, italien, est contraint de rester sur place en Suisse où il séjournait brièvement avec sa famille, jusqu'à une date indéterminée.

Comment décrypterait-il ce qui est en train de se produire ? Je donnerais cher pour le savoir.

— Le champ électromagnétique du cœur est un élément essentiel pour la relation entre différentes personnes, m'avait précisé Ervin en me recommandant de contacter ce chercheur en biologie moléculaire à l'université de Bologne, poussant ma curiosité à son paroxysme.

Qu'entendait-il par *élément essentiel* ? Le champ électromagnétique avait-il quelque chose à voir avec toutes les formes d'attraction et de répulsion que nous connaissions entre humains ? Y compris les transmissions virales ?

Ou bien, dans un autre registre, allions-nous découvrir quelque chose en lien avec la *fin de ce mental* dont parlait Sri Aurobindo ?

Pour l'instant, une évidence s'impose : ce virus n'est pas là par hasard. Quand le cosmos s'en mêle, avec sa façon bien à lui d'équilibrer les choses et ses *lois inversées*[1], l'homme retrouve sa juste place. Il se met à réfléchir. Poussé par la menace, son cœur s'entrouvre, absorbant en un éclair ce qui le relie aux autres, se superpose ou s'entremêle...

La réflexion de Pim van Lommel revient en boucle dans ma tête : le cœur est l'organe qui possède le plus grand champ d'émission magnétique, cinq mille fois supérieur à celui du cerveau.

Carlo Ventura est, lui aussi, un ancien cardiologue. Il a étudié pendant très longtemps le rôle du champ magnétique du cœur, parmi d'autres organes, et soigneusement observé les liens entre ses émissions électromagnétiques et les autres organismes. Il rencontre précisément mon objectif.

Dans quelques jours, une partie des réponses arrivera peut-être... Nous avions convenu d'un entretien en visioconférence dès son retour en Italie. Mais, nous voilà coincés !

Un autre rendez-vous est fixé pour la semaine suivante.

---

1. Allusion à la physique quantique dont les lois ne correspondent pas à notre logique habituelle.

En attendant, depuis que j'ai parlé à Paul, les questions affluent, jonglent et s'éliminent comme dans un jeu électronique. Ai-je bien pensé à tout, en ces temps qui cinglent nos vies ? Les représentations se multiplient, des essaims de moustiques s'infiltrant sous la peau. Le corps tout entier se mobilise, cherchant les moindres sensations qui se traduisent en interrogations. Les cellules se souviennent, renvoyant de mystérieux messages. Ici, une présence familière, là, une sensation de déjà-su. Comment aller au plus près de la question fondamentale ? La formuler pour une réponse concise, pas trop compliquée ? Rien à faire. Les interrogations se recoupent, créant un sentiment de confusion, de flou inquiétant…

Lorsque l'ébullition est à son comble, une torpeur subite me force à lâcher prise. Alors, l'autre conscience s'installe, relâche toutes les tensions, fait apparaître un détachement comme une vie parallèle. Et le calme se répand. Toute peur disparaît. Les enjeux s'effacent. Une mystérieuse gratitude flotte même quelque part dans cet entre-deux inconnu…

« Est-ce que le champ magnétique du cœur pourrait créer une contagion ? » Ce sera ma première demande. Une sorte de « coronavirus positif » qui pourrait se répandre chez tout le monde ?

Soit il me regarderait étrangement, soit il chercherait un pont, une manière plus adéquate de dire la même chose. Ce mot en effet, prête à confusion. C'est pour cela qu'il m'est venu. Parce qu'il colle à la réalité d'aujourd'hui. Bientôt, nous serons dix milliards d'humains. Comment ferons-nous pour ne pas nous anéantir ? Il y a aussi une certaine lâcheté qui me fait dire que si l'on parle *menace* aujourd'hui, on est entendu… Alors parlons *menace* comme la *grippe espagnole* qui avait fait plus de vingt millions de morts, plus que la Première Guerre mondiale. Parlons de cette *terrible, cette nécessaire contagion du cœur*…

C'est le pari que je me suis fait. Comme si un pari pouvait changer quelque chose…

Chapitre 2

Quand le professeur Carlo Ventura apparaît sur l'écran, mes doigts tâtonnent encore sur le clavier à la recherche du bouton *enregistrement*. Un casque d'argent encadre ses traits avenants. Son regard direct et juvénile sourit devant mes errements. Avec délicatesse, il avoue que lui non plus ne s'y connaît pas très bien. Un éclat de rire nous unit. On a beau être expert en biologie moléculaire, la technologie vous rattrape parfois !

Une reconnaissance m'habite devant la chance de cette rencontre, à ce moment précis de la tournure du monde. Ce présent viral donne en effet un prix singulier à ce partage. Nous effleurons la situation. C'est le cœur qui parle. Il installe une proximité immédiate, comme si nous nous connaissions depuis longtemps. C'est ainsi qu'il devrait fonctionner chez tous les humains.

Et si c'était justement l'occasion ?

Je n'apercevrai plus le visage de Carlo tout entier pendant l'entretien. Il restera coupé par son positionnement trop près de la caméra. Mais je verrai sa frange lisse, ses yeux concentrés, habités par une passion contrastée de douceur, d'abnégation contenue.

Nous choisissons l'anglais comme langue de travail. Avant d'aborder le cœur, en préambule, un peu de sémantique s'impose : qu'entend-il par le mot *conscience* qui, en anglais comme en italien, possède de nombreuses nuances ?

— Pour moi, c'est sans doute une manière de réaliser l'intrication de ma propre nature avec tout l'univers, répond-il, ouvrant un paysage intérieur. C'est quelque chose qui permet de me percevoir comme une partie de la nature vibratoire de l'univers. Ces vibrations proviennent d'une énergie physique. Elle me parle, je résonne avec elle.

Quand je suis devenu plus conscient de ça, il y a eu une transformation profonde à l'intérieur de moi qui se poursuit comme chez tout mon entourage, car on peut profondément affecter ce qu'on nomme notre *nature biologique*.

Il me confirme ensuite que chaque cellule a une conscience et que nous ne sommes pas seuls, munis de nos 30 à 40 000 milliards de cellules qui interagissent chacune avec sa propre conscience. Elles ont la capacité de prendre leurs propres décisions, de se charger de leur destin et même de se suicider ou de s'entre-dévorer.

Et voilà qu'apparaissent les visages de Bruce Lipton, Pier Mario Biava, Jean-Claude Ameisen[1],

---

1. Jean-Claude Ameisen, médecin immunologiste, chercheur en biologie, président du Comité consultatif d'éthique et auteur de nombreux ouvrages dont *La Sculpture du vivant. Le suicide cellulaire ou la mort créatrice* (Points, 2014) avec qui Laurence de La Baume

tous ces éclaireurs en biologie cellulaire croisés sur mon chemin…

— Donc, aujourd'hui, note Carlo pour faire une synthèse, la science essaie de faire un pont pour dépasser cette tragique séparation qui dure depuis ces derniers siècles entre notre esprit, notre spiritualité et notre corps.

Un souffle de vent vient donner son approbation discrète. Puisse-t-il emporter ces informations aussi loin que possible, traverser la peau des derniers dinosaures de la science !

Mais Carlo ne peut le voir ni le sentir. Le nez plongé sur son clavier, il semble heureux de cette occasion d'approfondir des sujets qui lui tiennent à cœur :

— Les Italiens parlent aussi de *mente biografica*, une manière qu'a notre conscience de réconcilier notre propre histoire avec quelque chose de plus profond – nous devons intérieurement partager l'univers avec les autres. Donc c'est une définition difficile, car nous ne savons pas où commence ni où finit notre histoire.On peut dire que, dans un certain sens, nous n'arrivons de nulle part et n'allons nulle part en termes de matière solide ! Mais si nous pensons l'univers en termes de passé et de futur, les futurs sont probablement là. Et nous pourrions utiliser le futur pour corriger le passé…

Cette réflexion m'intrigue. Elle me rappelle la théorie du physicien Philippe Guillemant sur la

---

a mené une série d'entretiens en 2008 en vue d'un documentaire.

double causalité et le pouvoir du libre arbitre[1]. En ces temps de virus, elle résonne singulièrement. La volonté qui anime notre libre-arbitre aurait-elle un rôle à jouer ? Que Carlo veut-il dire précisément ?

— On dit : ça a toujours été comme ça, les gens se sont toujours tués, ils ont toujours souffert, haï, etc. mais on peut réparer ça, oui ! On peut probablement aller beaucoup plus loin, au-delà de cette dualité ! C'est ça la prochaine étape de l'évolution !

---

1. La théorie de Philippe Guillemant est ainsi résumée par Nicolat Libert : Philippe Guillemant a développé la théorie de la double causalité, une théorie du temps qui se fonde, entre autres, sur une des implications de la théorie de la relativité générale d'Einstein, à savoir que passé, présent et futur coexistent simultanément. Mais, tandis que la version matérialiste de cet « univers bloc » implique que l'histoire serait déjà écrite et figée, la version qu'il explore laisse des possibilités au libre arbitre pour modifier indirectement nos trajectoires en modifiant le futur. Pour résumer, si nous ne vivons qu'une seule version de notre histoire, il peut en exister « physiquement » plusieurs versions, sous forme d'informations réelles, dans la mesure où, par notre libre arbitre, nous créons un nouveau futur dont l'influence entre en conflit avec celui qui nous « aspirait » sur un chemin tout tracé. C'est dans ces moments où deux futurs sont en conflit que des phénomènes de rétrocausalité ou de synchronicité se produisent, synchronicité positive lorsque le nouveau futur envoie des signes de sa confirmation, et négative lorsque l'ancien futur résiste à sa disparition en provoquant des blocages par des événements singuliers ou en se manifestant de manière chaotique, comme une dernière tentative de survie.

Source : https://andreeboulay.ca/2020/10/09/nicolas-libert-ma-comprehension-de-la-theorie-de-philippe-guillemant-sur-les-evenements-actuels-c-quoi-ctemps-brouille/

Et la biologie, elle aussi, est en train d'évoluer dans ce contexte.

La mer trace une ligne grise à l'horizon, tandis qu'un voile se soulève. Un vol de goélands semble crier l'espoir.

Chapitre 3

— Je ne crois pas que l'*esprit*, la *conscience* ou simplement la *conscience d'éveil* ont une place physique, dit Carlo revenant une dernière fois sur ces différences sémantiques. Ils sont tous *non locaux* et comme ils sont aussi *nous*, notre partie *non locale*, on est en train de découvrir que même nos propres *nous* sont aussi des entités *non locales*. Parce que non seulement ils peuvent percevoir ce qui est d'ordre physique, mais ils génèrent aussi des signaux physiques.

Une brusque montée d'adrénaline me transmet une vision : des milliards de courts-circuits minuscules crépitant dans une toile d'araignée surgie d'un vide obscur. Carlo précise alors :

— On peut dire que chaque signal dépasse d'une certaine manière les frontières des cellules qui génèrent ces signaux particuliers. Ils vont même plus loin et plus vite ! Extrêmement vite !

J'en oublierais presque l'enjeu de cette rencontre. Revenir au cœur, au rôle de son champ électromagnétique…

Ervin m'avait parlé de ce moment singulier durant la formation de l'embryon, où le cœur apparaît au moment où l'œil s'ouvre. Y aurait-il une signification particulière ?

— Le premier moment où nos cellules souches commencent à créer un organe, c'est celui du cœur, explique le chercheur. C'est bien avant la *neurogenèse*[1] et la formation du cerveau. Donc, probablement commencent-ils à *travailler* ensemble au moment où l'œil s'ouvre.

Mais ce qui est intrigant, c'est qu'on sait que ce qui crée le cœur (la cardiogenèse), aide la neurogenèse à s'accomplir et ce qui aide cette neurogenèse permet aussi à la cardiogenèse de se développer. Donc ils sont complètement intriqués depuis le début de la vie et ne seront jamais séparés. C'est pourquoi je suis tout à fait d'accord avec la médecine orientale traditionnelle qui affirme que le cœur est le centre de la conscience.

Première victoire à poser modestement sur l'autel de nos croyances, après les affirmations d'Ervin et de nombreux chercheurs, de tous ceux sans doute qui, comme Teilhard de Chardin, Sri Aurobindo, le Christ et tous les prophètes, ont tracé le chemin. Si une justification supplémentaire était nécessaire, celle-ci vient de nous être donnée sur le plateau de la biologie.

— On peut dire aussi que le cœur envoie beaucoup plus de signaux au cerveau qu'il n'en reçoit de lui.

---

1. La neurogenèse désigne la formation des neurones au sein du cerveau.

Pour aller plus loin, Carlo veut immédiatement illustrer ce propos en proposant ce qui représente à ses yeux l'un des enjeux essentiels de ses recherches : rapprocher par la science, l'art et le cœur, comme moyen de vivre mieux, de se guérir et soigner les autres, de transmettre des expériences directes, issues du plus profond de notre nature, celle qui nous relie à l'univers.

Chapitre 4

— C'était il y a quelques années, raconte Carlo, son regard bleu-gris levé vers ses souvenirs, nous avions organisé des voyages, inspirés par l'idée *d'essayer de voir les choses avec des yeux différents*.

Il s'agissait de voyages transdisciplinaires pour des artistes et des scientifiques qui travaillaient ensemble, partageant l'idée selon laquelle n'importe quelle manifestation artistique parle à la part intérieure la plus dynamique de notre biologie.

En d'autres termes, à nos cellules ! Bruce, Mario, Ervin, Satprem, Sri Aurobindo et La Mère n'étaient pas loin…

— J'ai présenté l'événement en rappelant ces fondamentaux, note le chercheur.

Un : Nous sommes faits de la même nature vibratoire que l'univers.

Deux : Nous sommes immergés dans des champs physiques, électromagnétiques, dans des vibrations acoustiques, subsoniques et lumineuses.

Trois : Nos cellules produisent non seulement ces énergies mais sont capables de les sentir et de modifier leurs comportements.

L'équipe, continua-t-il, a voyagé pour partager des émotions, des sensations, des chemins de guérison avec l'idée de rapporter cette narration à son retour, sur une scène de théâtre où les spectateurs se transformeraient en explorateurs, interrogeant cette nouvelle expérience.

En 2016, Carlo et son équipe organisent à Bologne la première rencontre mondiale intitulée « La mélodie des cellules ».

Ils ont avec eux un musicien hors norme, Milford Graves, à la fois mathématicien et l'un des plus grands percussionnistes de free-jazz. Cet immense artiste d'origine jamaïcaine, né à New York, a commencé la batterie à l'âge de deux ans. Puis il l'étudie à huit et découvre la musique à percussion du nord de l'Inde à vingt-quatre ans, avant d'entamer une grande carrière qui le conduira au célèbre New York Art Quartet, notamment, et aux côtés des stars du jazz comme William Parker ou David Murray.

Mais au-delà de ses activités de concertiste, Milford participe aussi à des conférences-démonstrations internationales et à des séminaires de médecine (herboristerie, acupuncture, nutrition, etc..) ainsi qu'à des représentations d'arts martiaux et de mouvements du corps. Il reçoit le premier prix du Guggenheim de composition et une distinction de la ville de New York pour ses recherches sur *la conversion des battements cardiaques en musique*.

Depuis 2013, il collabore avec Carlo, expérimentant les effets des motifs mélodiques créés à partir des sons cardiaques sur l'activité microcellulaire.

Milford était en train de penser aux premiers sons que le bébé entend, note Carlo. Ce premier son est celui du cœur, mais celui que perçoivent les premières cellules de l'embryon, c'est celui du cœur de sa mère qui résonne dans le fluide. Il donne des instructions qui, probablement, mettent en forme le champ biologique de l'embryon en cours de développement.

Et ensuite, le premier événement morphogénétique (qui crée une forme), c'est la genèse du cœur. Il y a une sorte de résonance entre les deux.

L'écho entre deux cœurs… Dans ma tête, surgissent des souvenirs que toutes les mères partagent. L'émotion me cloue aux lèvres de cet homme, à son image, comme si, en identifiant ces processus pour les mettre en résonance, il faisait revivre toute la genèse de l'humanité…

Se rend-il compte de la portée de ses mots ?

Un passage du texte de Maria Valtorta[1] me revient, dans lequel Jésus lui dicte, à propos de la Vierge Marie : « Le Fils, en étant "Fils" pour elle aussi, lui enseignait, par un mystère de la grâce sa vérité et sa sagesse, alors qu'il n'était encore qu'un germe qui se développait en son sein. »

Un germe… une instruction venue du « ciel » instruisait quelque chose en elle, lui donnant forme, substance et qualité. Jésus s'exprimait non seulement en tant que « Fils du Père », mais en en tant que « Fils de sa Mère », l'Immaculée qui recevait cette information divine. En cumulant les

1. Maria Valtora, *L'Évangile tel qu'il m'a été révélé*, Valtortine, 2005.

deux statuts, si j'ose dire, il donnait un sens à la portée divine dans la chair, et son rôle essentiel pour introduire les deux « attracteurs » essentiels, la sagesse et la vérité, afin de vivre pleinement sa vie. Jésus s'exprimait ici à la fois au-delà et au-dedans de l'humain.

Quelle meilleure formule pour expliquer le divin dans la peau ?

Certaines mères en avaient-elles conscience ? Pouvaient-elles sentir ce mystère à l'œuvre dans leur corps ?

Mais Carlo est loin de se douter de l'effet produit par ses paroles :

— Une fois qu'on est adulte, explique-t-il, il y a ce qu'on appelle le taux de variabilité du cœur. C'est le fait que la distance entre deux battements de cœur est très variable, donc quand on essaie d'en tracer la courbe, on peut voir une sorte de diagramme qu'on appelle courbe de variabilité cohérente.

Mais chez les gens qui ont des maladies du cœur ou du cerveau plus ou moins graves, on observe une sorte de « hasard » de variabilité incohérente.

Or, ce qui m'avait frappé, c'est que dans l'esprit de Milford Graves, l'improvisation en jazz, c'était le reflet exact de la variabilité de son cœur !

Le visage de Milford apparaît sur l'écran, regard sombre et habité, front haut encadré de mousse grise, barbe pointue encadrant ses traits métis d'une humanité poignante…

Nul doute : le cœur a dessiné ces traits.

— Dans les tribus anciennes, poursuit Carlo, l'idée de l'improvisation consistait à éviter une sorte de mort qui provenait de la répétition monotone des mêmes rythmes. Or, improviser, c'est exactement ce que fait notre cœur par définition !

Et quand il ne produit pas une bonne improvisation, nous sommes malades, malades dans nos cœurs, malades dans notre cerveau.

Cette réflexion ramène soudain notre confinement du printemps 2020. Y aurait-il un bug quelque part ? Cette « *fleur du mal* » serait-elle là pour nous forcer à chercher une nouvelle harmonique ?

Pas le temps de lui poser la question. Carlo est à la poursuite de ses idées, le nez dans son clavier.

— Ensuite, Milford a commencé à enregistrer le son de son cœur d'une manière assez révolutionnaire, car c'est aussi un génie mathématique : il s'est mis à capter non pas le son, mais les vibrations que son cœur était en train de produire dans la phase du début de la contraction.

Difficile évidemment de se figurer ce petit ventricule se contractant au ralenti pour visionner cette étape, mais l'image fait son chemin…

— Même pour moi qui ai commencé ma carrière comme cardiologue, note Carlo, cette phase du début de la contraction est la plus importante pour la dynamique immunitaire des sujets, qu'ils soient sains ou malades.

Cette fréquence va seulement de 1 à 2 hertz jusqu'à 7 hertz, donc l'oreille humaine ne peut pas la percevoir. Mais Milford savait ce qu'il faisait. Ensuite, dans le programme d'ordinateur qu'il a écrit, il a réussi à élever le ton, permettant à cette vibration de se rendre audible.

Et ce n'est pas tout ! Une fois qu'il a obtenu disons quatre battements de cœur, il les a mis en musique et c'est devenu une sorte de rythme de jazz.

Puis il a commencé à utiliser ce son pour traiter des gens atteints d'arythmies, uniquement en leur attachant un haut-parleur à la poitrine. Et ces personnes se sentaient beaucoup mieux !

La joie se lit sur le visage de Carlo, tout comme son intérêt de scientifique. Ce mélange crée une attraction singulière. On peut facilement imaginer combien sa personnalité charismatique doit inspirer son entourage.

— Comme j'étais fasciné par cette histoire, enchaîne-t-il, on est devenus amis sur le Web, puis il est venu à Bologne et on a créé cet événement en utilisant la scène d'un théâtre.

Il y avait Milford à la batterie en train de jouer et un microscope muni d'une caméra énergétique à haute définition, capable de capter les fluctuations de lumière, pour mesurer les vibrations mécaniques des cellules souches adipeuses humaines, pendant qu'il était en scène. Et alors qu'il était en train de jouer, ses propres cellules souches adaptaient passivement leurs ondes à ses rythmes. Puis elles se sont mises à exprimer leurs propres cadences et à superposer leurs dialogues en diaphonie[1], toutes ensemble.

---

1. Diaphonie : l'interférence d'un premier signal avec un second. On trouve des traces du premier signal, dans le

Voilà qu'une vraie jubilation m'étreint en imaginant ces millions de petites taches transparentes changeant sans arrêt de rythme et de place en suivant leur propre musique, puis s'ajustant peu à peu aux battements de cœur de Milford, aux rythmes de sa batterie et, dans un deuxième temps, s'en distinguant comme le ferait n'importe quel instrument de jazz, pour l'élargir selon leurs propres inspirations, amplifier l'harmonie en vue de la plus belle interprétation possible.

Cela signifiait que nos cellules étaient en permanence à l'écoute des mondes intérieur et extérieur, qu'elles s'accordaient entre elles avec tous ces signaux comme des milliers de milliards de micro-émetteurs, collaborant dans une vaste symphonie dont le but unique était la cohérence, l'ordre le plus élevé, l'adaptation la plus parfaite avec l'univers.

Est-il besoin de rappeler combien tout cela donnait à réfléchir ?

— Ensuite, j'ai appelé, Alessandro Bergonzoni ajoute Carlo, un acteur célèbre, capable d'ajuster sa voix pour exprimer diverses émotions profondes. Donc, je lui ai demandé de parler de quelque chose qui était vraiment drôle, surréel ou dramatique et de se déplacer sur scène, car il changeait d'intensité vocale et je voulais capter les sons de mêmes amplitudes mais exprimant des sens très différents.

J'avais vu la silhouette charismatique d'Alessandro Bergonzoni avec sa crinière argentée sur

---

signal du second, souvent à cause de phénomènes d'induction électromagnétique.

un site. Il se promenait en scène avec l'agilité d'un danseur, relié à ces appareils sophistiqués sous la haute vigilance de Carlo. Sa voix claire et son timbre chaud détachaient la sublime langue italienne avec l'application jubilatoire d'un Luchini… Nul doute sur l'émotion produite !

— Alors qu'Alessandro était en train de parler d'une voix forte de quelque chose de vraiment drôle, poursuit le chercheur, ses cellules ne vibraient qu'en surface. Mais lorsqu'il était en train de parler de notre futur et de notre nature, en demandant à ses cellules : *on croit que c'est vous qui rafistolez tout parce que vous êtes des cellules souches, vous pouvez donc régénérer le corps humain, mais pouvez-vous rectifier cette situation dramatique où la conscience saigne, où les êtres humains sont déconnectés de leurs parties divines ?* ; alors là, il resta choqué, disant qu'il n'entendait pas la moindre réponse…

Et puis soudain, à notre grande surprise, ses cellules se sont mises à activer seulement leur noyau, là où se trouve l'ADN. Il ne restait plus que le noyau qui vibrait, avec la même intensité de son[1].

Si cela n'était pas la preuve de l'intelligence cellulaire, que demander de plus ? me dis-je.

---

1. Cette expérience a fait l'objet d'une publication dans *CellR4, The official journal of The Cure Alliance*. « *Its scope ranges from fundamental new discoveries in basic science to translational, clinical trials and delivery of novel therapeutic options.* » [Les objectifs du journal officiel de l'Alliance de la Guérison vont des découvertes fondamentales en science de base aux procès cliniques transnationaux et à la distribution d'options thérapeutiques innovatrices.]

Chapitre 5

La nuit même, les mots de Carlo résonnent à nouveau :

Le premier son est celui du cœur, mais celui que perçoivent les premières cellules de l'embryon c'est celui du cœur de sa mère... Ils m'obligent à faire un retour en arrière dans ma propre vie.

Lorsque j'attendais mes filles, avais-je réellement mesuré l'impact de nos cœurs l'un sur l'autre ?

Il va dans le fluide et donne des instructions qui, probablement, mettent en forme le champ biologique de l'embryon en cours de développement, avait ajouté le chercheur. Et ensuite, le premier événement morphogénétique à l'intérieur de cet embryon, c'est la genèse du cœur. Il y a comme une sorte de résonance entre les deux...

Toutes les mères le sentent. À peine trois semaines après la conception, à travers le stéthoscope obstétrical, elles perçoivent ce bruit minuscule à l'intérieur de leur corps, ces battements si rapides qu'ils lui broient le cœur. Comment est-ce possible ? Ces petits coups secs, si nerveux, d'où viennent-ils ? Vont-ils s'arrêter ? Ils semblent si fragiles…

Savent-elles l'importance de leurs deux cœurs unis à cet instant précis ?

Parfois, les larmes sont l'unique moyen pour témoigner de ce quelque chose d'un autre ordre qui est en train de se passer. Cette *métaphysique* en marche, ces premiers signes d'une vie nouvelle, d'une vie en doublure de la leur.

Elles peuvent être éblouies ou terrifiées, ne pas vouloir, ne pas pouvoir, mais toujours, ces secondes stupéfiantes, quasi surnaturelles, seront inscrites en elles.

À présent, l'éclairage de Carlo donne un prix singulier à cet instant :

— L'apparition du cœur de l'enfant résonne avec celui de la mère. L'état psychique de celle-ci au moment de la cardiogenèse influencera probablement le développement de son enfant. C'est le premier « cœur à cœur ». Un lien de vie et de mort. Intuitivement, chaque mère le sait. Chaque enfant aussi. Et de là proviendra une part essentielle des perceptions qui se développeront au cours de leurs vies respectives.

En y repensant, le récit d'une Argentine dont Paul m'avait parlé me revient en mémoire. Nous avions trouvé ce passage infiniment parlant. Alba Zuccoli l'avait vécu dans sa chair.

Quelque temps avant de mettre son second fils au monde, elle avait connu une première expérience d'éveil qui allait avoir des conséquences non seulement sur son état intérieur au moment de l'accouchement, mais sur celui de son fils, Flavio, comme nous le verrons plus loin…

« C'était l'heure de la sieste. Une heure magique. Je jouais seule dans le fond de la maison. C'est alors que survint un événement : le temps parut s'arrêter. Tout resta en suspens. Je cessai de sentir la chaleur du plein après-midi, le murmure de la montagne. Je me sentis observée. Il y avait quelqu'un derrière moi, m'observant, observant cette enfant que j'étais. Mais, soudain, je fus aussi celle qui observait : une femme, regardant avec amour et nostalgie la petite fille qu'elle avait été.

Ce fut mon premier contact intense, mais fugace, avec l'intégralité de mon existence. Cette femme était mère de deux enfants et avait un compagnon à ses côtés. Elle était retournée dans ce lieu en édifiant un pont d'amour et de compréhension à travers le temps, par le souvenir de l'enfant qui était partie intégrante de sa destinée.

Je connus la splendeur d'être et de savoir, d'être entière, en connexion avec la totalité de moi-même…

Ce jour-là, je fis un compromis solennel avec moi-même : je me promis de ne pas oublier. Me souvenir pour toujours, même s'il est normal d'oublier.

Me souvenir qu'il était possible de se souvenir[1]. »

Le cœur d'Alba avait été le pôle d'une transcendance qui avait unifié toutes les parties de son

1. Flavio M. Cabobianco, *Je viens du soleil*, Auréas, 2003.

être. Il avait réuni le passé et le présent, inscrivant toute sa personne dans ce présent-futur.

Et quelque temps plus tard, lorsqu'elle mit au monde son second fils, cet état de conscience lui fut d'une grande utilité :

« À l'arrivée des premières contractions, je me sens traversée par des vagues d'énergie. Je découvre qu'en m'alignant sur le courant de la vie, la douleur se transforme en plaisir, la contraction en expansion, la peur en joie.

Mon compagnon me soutient et me transmet sa force. Tout le travail de l'accouchement est presque une cérémonie. Lui, moi et l'enfant à naître faisons partie d'un même circuit. Avec l'ultime contraction, avec l'ultime vague de douleur-plaisir, je suis entraînée dans une étrange expérience. Mon corps est une fine enveloppe traversée par des naissances et des morts successives et interminables. Le temps acquiert une qualité vertigineuse, je nais et je meurs à de nombreuses reprises. S'interposent des fragments d'autres vies, d'autres morts, d'autres façons d'être.

À ce moment, de nouveau je sais tout, je comprends tout. Je suis, nous sommes des condensations du processus de la vie. La mort est une naissance et la naissance une mort.

En effleurant le petit corps chaud et gluant de mon fils, je reviens aux coordonnées terrestres de l'espace-temps.

Je suis de nouveau ici, et lui aussi est ici. Nous nous regardons... »

Chapitre 6

Le lendemain, je reprends le fil de l'interview. Les morceaux du puzzle se construisent. Alba y est pour beaucoup. Au loin, la mer souligne sa perfection céruléenne par quelques nappes plus sombres, sous la caresse du vent. Le ciel est au beau fixe, allégeant nos emprisonnements.

— Ensuite, nous avons organisé un autre spectacle à la Scala de Milan, reprend Carlo.

L'enjeu, c'était d'enregistrer quelque chose de l'artiste, en prenant juste la partie supercohérente de ses battements de cœur et d'envoyer ensuite cette trace électronique à travers le Web, puis vers ses cellules souches dans un laboratoire à distance.

Lorsqu'il parle de la partie supercohérente des battements de cœur, Carlo fait sans doute référence à cette phase du début de la contraction, la plus importante pour la dynamique immunitaire, comme il l'avait précisé avant.

Dans ce laboratoire, on a un transducteur mécanique (un micro est un type de transducteur) capable de capter ces traces électroniques et de les transformer en vibrations mécaniques qui reproduisent exactement celles du schéma du cœur.

Ensuite, on transmet ces vibrations particulières aux cellules. Et les cellules qui ne répondaient pas à l'état de basse cohérence de leurs rythmes de variabilité, se mettent à répondre à l'état de haute cohérence. Alors, elles changent leur destin, optimisent leur capacité à se différencier, à se transformer en cellules matures.

C'était extrêmement surprenant !

Cela confirmait bien qu'il y avait un lien entre la qualité des instructions que recevaient nos cellules et notre activité cardiaque liée à nos émotions, nos croyances, notre conscience.

Là, nous approchions de l'essentiel... Il ne m'en fallait pas plus pour que mon imaginaire s'emballe, cherchant les mots pour le traduire. En d'autres termes, nos pensées les plus élevées berçaient nos cœurs, les amplifiant, leur faisant dépasser leurs limites, et nos cellules dansaient avec elles jusque dans leurs moindres nuances sonores et vibratoires. Et de ce *pas de deux* naissaient notre bien-être, la qualité de nos vies, de nos liens, de tout ce qui nous entourait, du moindre atome jusqu'aux espaces les plus lointains. C'était bien sûr certainement valable aussi pour le contraire, avec les effets coordonnés, mais je laissais aux écrivains dépressifs le soin d'en parler. S'il y avait un choix. J'avais choisi mon camp.

Je me souviens que Bruce Lipton avait souligné l'importance de ce choix des croyances dans son livre[1]. Un petit regret s'infiltre. Ne pas l'avoir rencontré.

Carlo reste intarissable, comme peuvent l'être ceux dont les expériences ont changé leur vie, ceux dont la soif de transmettre dépasse parfois les capacités d'accueil de leurs interlocuteurs.

Mais plus il parle, plus ses mots s'impriment, questionnant et creusant une part assoiffée de moi-même, jamais assouvie, à la manière d'un torrent s'écoulant sur une pente vertigineuse.

— On a créé encore beaucoup d'autres événements, note-t-il, où l'on a intégré des technologies à l'intérieur de travaux artistiques, comme utiliser les informations issues d'œuvres textiles contenant des technologies capables d'émettre de la lumière, des sons ou des champs électriques. Ainsi, l'installation devient comme un gigantesque instrument de musique et, en même temps, un immense outil pour raconter ce qui se produisait sur la scène.

C'était une manière d'obtenir une sorte d'écriture transcorporelle de ce qui se passe à travers nos cellules.

Dire que ces petites alvéoles prises dans une trame de fils intriqués, lumineux ou sonores pouvaient ressembler à un textile ! Cette image inattendue les rendait encore plus émouvantes…

1. Bruce Lipton, *op. cit.*

Chapitre 7

Paul est resté à Paris, confiné parmi les autres, dans son petit appartement au rez-de-chaussée. Nos marches quotidiennes se sont transformées en conversations téléphoniques, en ondes de cœur et de pensées, en méditations communes à heures fixes. Le temps s'est arrêté, ou plutôt, découpé en morceaux très ajustés – telle heure, telle activité, tel geste – prenant une qualité différente, où ne subsiste que l'essentiel.

Fidèle à lui-même, Paul ne donne aucun signe d'inconfort ni de révolte. Il raconte avec modestie la distribution de son temps, courses le matin, aération l'après-midi, lecture, écriture, un peu de gym. Sa voix calme résonne. Et comme d'habitude, mes *radars* cherchent les siens, puis ayant trouvé leur fréquence, se muent en excitation joyeuse.

Plongée dans la traduction de l'interview de Carlo, je lui en fais une description enthousiaste, cherchant ce qui va pouvoir aiguiser plus encore, sa curiosité.

— Tu sais qu'il y a des technologies qui permettent d'enregistrer et de créer une carte des champs magnétiques du cœur ?

— Ah oui ? Et à quoi ça sert ?

— À voir sa forme extérieure et à mesurer notamment son intensité... Je t'en dirai plus bientôt !

Impossible d'aller plus loin. Quelque chose d'un peu sacré avait eu lieu lors de l'échange avec Carlo, comme si le fait de parler du cœur sous tous ces angles lui conférait quelque chose d'unique et d'immense. Je ne pouvais plus l'aborder comme avant. Il fallait ses propres mots, ses exemples précis.

Il avait ainsi résumé l'essentiel :

— Quand vous avez des gens qui s'aiment, même s'ils sont deux ou trois, leur champ magnétique respectif devient un champ unique, c'est ça qui est magnifique ! Nous ne savons pas pourquoi exactement, mais ça doit nous dire quelque chose... Sa prudence m'avait étonnée, bien qu'étant la règle de toute réflexion scientifique... Y avais-je mis mes propres projections ?

— Il y a sûrement un sens profond dans le fait qu'un seul champ réunisse d'un seul coup plusieurs personnes qui s'aiment, à ce moment-là, avait-il alors insisté.

C'est crucial pour ce qu'on appelle la conscience. Il n'y a pas différentes appellations, il y a juste un champ unique.

Quelque chose me poussait à reprendre ce qu'il venait de dire... Si un tel processus avait été fixé par la nature, ce champ unifié sert sûrement à quelque chose ! Ne nous rappelait-il pas les paroles d'Amour du Christ et des prophètes, ou celles des anciennes Écritures ?

J'étais sûre qu'en lui posant la question, Carlo serait d'accord. Il avait fait allusion aux sagesses orientales à propos de la place du cœur en tant que siège de la conscience…

Soudain, des éclats de voix dans le voisinage ramènent le présent.

Et si ce virus était là pour nous faire comprendre cela, précisément ? Qu'un simple microbe pouvait nous réunir en un champ unique ?

Avec une telle formulation, il y avait peu de chance de convaincre quiconque, évidemment ! Il fallait trouver quelque chose qui entre dans les dédales où l'abus du mental nous avait conduits.

Une réflexion de Satprem l'exprimait autrement. Bien qu'écrite en 1981, elle résonnait encore singulièrement aujourd'hui :

« L'illusion n'est pas morte, elle s'acharne même avec une violence sans précédent, équipée de toutes les armes que nous avons obligeamment fourbies pour elle, mais ce sont les derniers soubresauts d'un colosse aux pieds d'argile…

Parce que ce cercle-là est le plus extrême, parce que toutes les vérités ont été essayées, épuisées, et tous les chemins possibles parcourus, nous touchons à la bonne solution, à la vraie solution, à l'émergence d'un nouvel âge de vérité…

Maintenant, il faut que tout soit transformé, même la matière et les corps, puisque nous sommes en plein dedans ; et par une ironie du sort, c'est peut-être le plus grand service que cet âge noir, scientifique et matérialiste, nous ait rendu : il a contraint l'esprit à s'enfoncer tant dans cette matière qu'il ne restait plus qu'à se perdre en elle ou à se transformer avec elle.

Le noir absolu est seulement l'ombre d'un plus grand Soleil qui creuse ses abîmes pour faire jaillir une beauté stable, sise sur le fondement purifié de notre subconscient terrestre et droite en la vérité jusque dans les cellules de nos corps[1]. »

1. Satprem, *La Genèse du surhomme – Essai d'évolution expérimentale*, Buchet Chastel, ch. 1 « La forteresse mentale », 1996. Le titre a d'abord été publié aux Presses de l'ashram de Sri Aurobnido en 1971.

Chapitre 8

Carlo est là tous les jours, à travers l'écran de l'ordinateur. Il se fige lorsque j'appuie sur la touche *review* pour traduire ses mots, l'opération nécessitant parfois de longs allers et retours, car le son n'est pas toujours clair. C'est pourtant le moment magique de la journée, l'instant où la connaissance vient élargir les murs, libérer de l'air dans la pièce, se fondre aux données répétitives pour affaiblir leur pouvoir, nourrir une curiosité insatiable qui rend le présent éternel.

— On peut dire que chaque molécule, chaque protéine dans nos cellules est un oscillateur électromécanique, commence-t-il. Mais elle est aussi capable de générer des champs électromagnétiques et, de temps en temps, pour certaines d'entre elles, de la lumière.

C'est nous qui produisons tout cela. Et quand on regarde un tableau, et qu'on dit qu'on voit de la couleur, en fait ce que l'on voit c'est une radiation électromagnétique. Nous absorbons ces couleurs. C'est pourquoi nous pouvons dire *je ressens quelque chose*.

Donc chaque cellule a une conscience, car nos cellules peuvent résonner ou non avec ce qu'on perçoit.

Un clic sur le *stop*. Désormais, devant *La Condition humaine* de Magritte ou la *Sainte-Victoire* de Cézanne, j'imaginerai cet océan d'alvéoles en moi, je sentirai les couleurs y pénétrer comme dans un gâteau de cire, y résonner, s'y complaire, et tout mon organisme soupirer d'aise.

Est-ce encore l'effet de ses paroles ? Levant les yeux sur la mer, au-delà de la terrasse, la crête des vagues attire mon regard, se faufilant et se faisant l'écho de petites vibrations internes, laissant ce flux les envahir, se retirer, les élargir dans cette cadence rappelant l'éternité...

Puis le *on* fait ressurgir la voix de Carlo, son visage familier.

— Bien sûr, nous avons une manière subjective d'interpréter l'art, reprend-il, mais dans un sens, c'est la qualité de ce que produit ce *chœur* à l'intérieur du cœur qui nous parle ! C'est même un code universel !

La poésie est là, dans ce chercheur épris de cardiologie et d'électromagnétique, d'Art et d'Amour. Une petite musique monte de mon ventricule gauche. Et si c'était cela, la symphonie des cellules qu'un champ unique rassemblerait ?

— On peut dire « je n'aime pas ça », poursuit-il, aimer peut être autre chose, des couleurs, des vibrations, des sons...

Donc, l'idée nous est venue de travailler avec des énergies physiques, car du point de vue scientifique, toutes celles-ci sont des entités diffuses qui peuvent traverser le corps, c'est pourquoi on peut viser les cellules souches, là où elles se trouvent...

Or on en a partout dans le corps et elles ont une mémoire, une capacité d'autoguérison.

Et en ciblant ces cellules souches là où elles se trouvent au lieu de les transplanter, il suffit de leur envoyer les codes de sons, de vibrations mécaniques, de la lumière, tous les champs magnétiques appropriés pour les reprogrammer, les réinitialiser en quelque sorte...

Cette affirmation me rappelle le fameux *code épigénétique* identifié par Biava, juste avant le début de la différenciation cellulaire. Ce moment presque surréaliste où rien ne semble pouvoir entraver *la force de vie*. L'image de l'embryon d'un petit poisson-zèbre s'en fait l'écho, réveillant une petite émotion.

— Ça va donner lieu à une médecine qui n'a plus besoin, du moins en principe, d'utiliser des transplantations de cellules souches de tissus organiques, enchaîne Carlo. C'est ce sur quoi nous travaillons...

Que ce soit par l'intermédiaire de Mario ou de Carlo, et de bien d'autres sans doute, une nouvelle ère médicale se dessine, initiée par ces *êtres mentalement développés* dont parlait Sri Aurobindo, qui avaient réussi à un certain moment de leur existence, au nom de *la science au service de l'Homme*, à séparer les deux parties de leur mental : *la partie active qui est une fabrique de pensées et la partie calme qui est à la fois maîtresse du discernement, témoin et volonté...*

— Les cellules ont besoin de percevoir en quelque sorte *la beauté* pour se maintenir, fait remarquer Carlo. Ça, c'est déjà une sorte de conscience.

Elles nous amènent à parler de *bien-être moléculaire*.

Pourquoi ces mots font-ils naître une telle joie, comme une légitimité que rien ne semble plus contredire ?

Au fur et à mesure, ce scientifique éclairé a pris des allures de poète…

— Notre cerveau est juste une antenne, pas le siège de la conscience, confirme-t-il. C'est le cœur qui est le centre de notre conscience.

— Est-ce à cause de son champ magnétique ? avais-je demandé.

— La charge exacte d'intensité du cœur est encore un thème en cours de débat, répond-il, mais le simple fait qu'on puisse enregistrer l'activité électrique du cœur avec un électrocardiogramme, qui est un instrument assez primaire, démontre que le cœur génère un champ électromagnétique hautement significatif.

Avec certaines technologies, on peut même enregistrer et créer une carte du champ magnétique du cœur.

Ce qui est intrigant, c'est qu'il a une forme toroïdale (un peu comme une chambre à air). Imaginez un *donut* avec un trou au centre duquel nous nous trouverions. Ce champ s'étend tout autour, en incluant le cerveau…

À cet instant-là, une expérience parlante me revient en mémoire.

C'était au cours de mes recherches sur les travaux du professeur Gioacchino Pagliaro[1] qui m'avait été chaleureusement recommandé par le professeur Pier Mario Biava.

Cet éminent chercheur pratiquait des méditations bouddhistes, qu'il incluait dans ses thérapies fondées sur la physique quantique.

Lors d'un colloque, il avait montré des photos, prises durant une méditation destinée à transmettre de l'énergie bénéfique à un patient, précisant qu'elles n'avaient pas encore de valeur scientifique. Il s'agissait surtout de montrer les capacités techniques de ce type de caméra.

Pendant la phase préliminaire de cette méditation, alors qu'il se trouvait dans des fréquences Delta, Gioacchino Pagliaro était relié à cet instrument qui permettait de voir autour de son crâne une sorte de halo de lumière blanche lui recouvrant la partie supérieure du visage.

Autour de lui, personne ne comprit le sens de cet éclairage.

En réalité, à cet instant-là, Gioacchino était en train d'imaginer une puissante énergie de guérison venue de l'extérieur. La machine avait capté sa pensée précisément alignée avec son émotion, elle-même alimentée par sa conscience, le tout produisant des biophotons.

---

1. Le profeseur Pagliaro est psychologue, psychothérapeute et directeur de l'AIREMP (association pour la recherche de l'intrication quantique en médecine et psychologie).

Sur une deuxième image, ce halo blanc avait gagné le thorax et le cœur de Pagliaro. Puis il s'était dirigé vers la tête de son patient dans l'autre pièce et, sur la dernière photo, on le voyait sur son cœur.

Et là, une nouvelle donne avait encore déconcerté l'équipe : la quantité d'énergie était telle que les pixels de la machine avaient été saturés.

Comme je résumais l'histoire à Carlo, il déclara :

— Ça été réalisé avec une caméra spéciale pour voir le spectre d'une radiation électromagnétique qui est lumineuse, mais que l'œil humain ne peut pas voir.

— C'est extraordinaire, on peut voir une pensée devenir lumière, n'est-ce pas ?

Je songeais à la danse de ces fameux neuropeptides à la frontière du monde quantique en nous…

— Oui, absolument ! Je ne sais pas jusqu'à quel point on peut dire qu'on peut *voir de la conscience*, mais au moins, on peut voir la réflexion physique de la conscience en mesurant la lumière qu'elle reflète et transmet.

Quelques heures plus tard, une autre découverte attendait, tapie dans les arcanes de cette interview. Cette fois, elle allait définitivement orienter nos regards vers une autre manière *d'être au monde*, du moins je l'espérais…

Chapitre 9

La fin de l'entretien se profile. Déjà, un manque se dessine, comme aux dernières pages d'un livre passionnant. Carlo a tout fait pour nous mettre à la place de nos cellules, les rendre si aimables que bientôt, nous ne pourrons plus vivre sans avoir conscience d'elles, orchestrant notre symphonie. Il a même employé des exemples très précis qui ont échappé en partie à mon entendement.

— Il y a une expérimentation que j'aime beaucoup citer : elle s'est produite au PNAS[1]. Des chercheurs ont mis des rangées de métronomes sur des oscillateurs élastiques. Imaginez des lignes de métronomes oscillant sur des bandes élastiques !

Chaque courroie avec sa rangée d'instruments possède un ressort en dessous qui lui permet de se connecter à la voisine, et ainsi de suite…

À quoi sert cette expérience, allez-vous me dire ?

Si ces métronomes ne sont pas encore synchronisés et qu'on les place sur une surface rigide comme une table, ils ne se synchroniseront jamais.

---

1. *Proceeding of the National Academy of Science.*

Mais grâce à ce système, ces rangées d'appareils sur leurs bandes élastiques connectées les unes aux autres vont créer une sorte de matrice élastique résonnante.

Alors, en l'espace de quelques minutes, tous les métronomes vont se mettre en phase. C'est ça qui est fantastique !

Car cela nous dit qu'il y a ce qu'on appelle des reconnaissances moléculaires qui modélisent les cellules.

Pourquoi ces métronomes se mettent-ils à danser en symbiose seulement quand ils se trouvent sur une structure élastique ?

Tout simplement parce que cette structure élastique *dissipe les différences* de vibrations d'un métronome à l'autre, pour finalement *créer des harmonies*.

Si j'ai bien compris, cette expérience démontre que grâce à l'élasticité, à la plasticité pourrait-on dire, l'harmonie est le résultat final, voire la finalité de ces systèmes vibratoires à l'image de nos cellules. Elle serait donc leur condition naturelle pour maintenir cette cohérence, fondement de notre santé...

À peine ai-je le temps d'élaborer cette réflexion, que Carlo offre un autre exemple :

— Imaginez que vous vous mettiez à rétrécir au point d'entrer à l'intérieur d'une seule cellule, me dit-il. Tout à coup, vous êtes témoin de ce qui se passe à l'intérieur...

Vous allez alors être captée par une sorte d'œuvre d'art textile, un magnifique enchevêtrement de tubulures et filaments qui créent une merveilleuse installation !

Mais vous ne pouvez pas nager à l'intérieur, car vous êtes prisonnière.

Nous sommes faits de 77 % d'eau – plus de 90 % sont des molécules d'eau – mais ce n'est pas une solution soluble, c'est un gel aqueux qui n'est pas uniforme. À l'intérieur des cellules, parmi d'autres molécules, il y a de l'acide hyaluronique d'une viscosité très élevée.

C'est pourquoi nul ne pourrait nager à l'intérieur d'une cellule...

Où veut-il en venir cette fois ? me dis-je. Mais Carlo voit précisément le but à atteindre. Il y reviendra autant qu'il le faudra. A-t-il l'habitude d'élèves aussi obtus ?

— Un autre exemple qui va avec la conscience, lance-t-il, pour attiser ma curiosité...

Imaginez à présent que vous êtes dans une grande pièce ouverte et que vous aimeriez trouver quelqu'un pour voir si vous êtes compatibles, si vous pouvez résonner avec lui ou elle.

Alors, vous la ou le prenez dans vos bras, et là vous dites : « formidable, on va rester ensemble ! » ou au contraire, « non, ça ne marche pas ! » Il y a ce qu'on appelle la « répulsion ».

C'est facile à faire si la pièce est vide. Mais imaginons que la pièce soit remplie d'eau, vous pouvez nager, mais c'est un peu plus difficile bien que tout à fait faisable.

Maintenant, revenons comme tout à l'heure à l'idée que vous êtes à l'intérieur d'une cellule, entourée de toutes ces molécules qui cherchent leur propre partenaire et ne peuvent pas nager.

Et quand elles commencent à bouger, c'est difficile, elles ont du mal à se frayer un chemin librement à l'intérieur de cette architecture de textile, il y a des mitochondries, des filaments, des lipides, etc. Tout ce trafic !

C'est un peu comme si vous alliez à contresens d'une foule au Japon, vous n'y arrivez pas.

Il n'y a qu'une seule façon d'y arriver : c'est par la résonance.

Tout à coup, tout s'éclaire. « Bon sang, mais c'est bien sûr ! ». Chercher l'écho. La bonne fréquence... Voilà, ce qu'il faut retenir !

Et comme toujours, cette joie enfantine se manifeste en excitation, mobilisant l'imaginaire.

Si nos cellules guettaient en permanence les échos qui conduisaient à l'harmonie, il suffisait de transposer ce processus à l'échelle de l'humanité, car nous serions bientôt contraints par notre nombre croissant, nos diversités et complexités exponentielles, d'entrer en résonance les uns avec les autres au-delà de l'espace et du temps, pour chercher cette cohérence, cette résilience que je voyais comme une philharmonie vitale pour toute la collectivité ! Et telles nos propres cellules, nous rejoindrions le mouvement naturel de la vie ! Peut-être ainsi nous épargnerions-nous les guerres et certaines maladies !

Carlo, ne voyant pas l'effet produit, poursuit avec un sourire :

— Pour faire une comparaison avec le cosmos, disons qu'il y a une proportion étrange qu'on évoque toujours : presque 99 % n'est ni ce qu'on touche, ni ce qu'on voit, c'est de l'énergie et de la matière noire. En ce qui concerne l'ADN, il n'y a environ qu'1 % de génétique, tout le reste est de l'épigénétique.

C'est la raison pour laquelle nous ne sommes pas bloqués par nos atavismes. À cause de l'épigénétique, nous savons maintenant que notre environnement est très important pour créer de mauvaises choses, mais la bonne nouvelle, c'est que l'on peut travailler dessus, percevoir leur contraire, sentir cette harmonie qui est en nous, la célébrer, créant ainsi de la beauté.

Pourquoi n'avions-nous pas perçu cette urgence avant ? Pourquoi avons-nous ignoré des visionnaires comme Sri Aurobindo ou Teilhard de Chardin qui, au début du XXe siècle, nous avaient pourtant alertés sur l'importance de la matière en lien avec le monde quantique, ce monde *invisible* qu'ils appelaient *divin*, auquel nos corps étaient reliés ?

Dire qu'il avait fallu attendre qu'un groupe de généticiens et de biologistes découvrent certains secrets du comportement cellulaire pour nous apprendre à nous regarder nous-mêmes, avec leurs yeux de scientifiques !

— Maintenant, imaginez notre vie quotidienne, reprend Carlo... La plupart des gens tout autour de la terre ne célèbrent qu'une infime partie de l'art, environ 10 %. Mais ces 10 % sont capables de connecter leurs cellules à ces 99 % d'énergie et de matière noire ! Donc seulement 5 % de nous ont besoin de se relier à cette partie plus vaste de l'univers à travers n'importe quelle forme d'art. C'est ça le miracle ! Nous n'avons besoin que d'un infime pourcentage pour nous connecter à ce que nous avons débranché !

Et le chercheur devient intarissable :

— Rien qu'en prenant conscience que dans une seule cellule, nous avons des temps différents, qui par nature sont coordonnés en harmonie. Le seul fait de se synchroniser crée une harmonie !

C'est de l'art ! s'écrie-t-il. Nous avons de l'art dans nos cellules !

Tout s'est passé comme si nous avions été formatés d'une certaine manière, pour négliger progressivement le sens de la beauté que nous avons en nous.

Or c'est une prérogative de notre conscience, de notre cœur et de l'art en tant que tel ! déclare-t-il avec un sourire.

D'ailleurs, je plaisante souvent avec le mot *cœur*, en anglais *heart*, en l'épelant on dit *h-e-a-r-t*, et *art* se dit *a-r-t*, peut-être pourrait-on dire en séparant les lettres *h*, *e*, de, *a-r-t*, *(healing of the art)*, le cœur, c'est *l'art de la guérison* ?

— Tu entends ça, Paul ? dis-je répétant cette dernière réflexion quelques minutes plus tard au téléphone, comme si cette formule ajoutait une pierre à l'édifice que je tentais de construire devant ses yeux.

— Que faisons-nous d'autre, ensemble ? Petit rire en ligne.

— Tu te souviens de ce que disait Satprem ? me rappelle-t-il. Incarner quelque chose. Un peu d'amour, un peu de vérité…

Et tout à coup, la lettre de Satprem où il me dit qu'il ne peut plus me voir, ni moi ni personne, me saute au visage. Mais bien sûr ! Sa présence écrite, seule trace accumulée dans mon cœur, cette substance abreuvée d'amour, dans la révolte comme dans le calme du non-jugement, elle seule compte !

— Donc c'est bien en dehors de la parole que tout se passe ? insistai-je. Lorsque l'on est seulement les uns avec les autres en union de cœur. Mais *quid* de la puissance des mots ? ai-je envie d'ajouter. *Quid* de la liberté d'expression, des dialogues construisant des ponts, des sermons qui élèvent ? Mais la réponse se fait attendre…

À l'autre bout du fil, le souffle léger d'un sourire pour seule réponse.

Chapitre 10

Dans les jours qui suivent, plusieurs mails échangés avec Carlo maintiennent l'empathie au-delà des mots.

Quelque chose s'est produit, créant une sorte de fraternité qui n'attend rien. Un fil d'or tendu dans le secret des limbes, enchevêtré parmi les autres, résistant, immuable, chargé de nos aspirations de bienveillance et d'Amour respectives. Hors espace-temps. Hors confinement.

Une sorte de grande famille se dessine, avec tous ces chercheurs.

Entre eux aussi, les liens semblent très forts, bien plus que dans les groupes de travail habituels chez les scientifiques. Les ego ont disparu semble-t-il, au profit de cette finalité commune nommée *le bien de tous*.

Au-delà de leurs expérimentations, ils incarnent, par cette ouverture du cœur, l'aube d'une génération nouvelle d'hommes et de femmes au service des autres, à l'écoute de la planète et de l'univers, créant des réseaux d'amitiés, de solidarités, d'entraides, tous âges confondus.

Savoir qu'ils existent quelque part dans le monde me permet de retrouver l'optimisme et de ne plus le lâcher. Une sécurité s'installe, étrange et jamais vue, comme une lente maturation de l'être humain, s'accomplissant par son élévation vers le sens de ses origines, vers la compréhension subtile de ses liens avec sa nature immatérielle. Et ce faisant, cet être humain fait advenir un présent inédit, un nouveau futur enfin débarrassé des modes de pensée toxiques qui l'ont amené à se retourner contre lui-même durant tant de siècles.

Sont-ils de doux rêveurs ? Des *générations New Age*, comme aiment à le rappeler certains qui, sous couvert de lucidité, persistent à voir l'Homme incapable de cesser d'être un *loup pour l'Homme*.

Une modestie oblige à la réserve. Rien n'est encore gagné. Des écoles de pensée s'affrontent sous les étiquettes de *toujours* ou *autrement*. Nul ne connaît encore le vainqueur.

Mais voici qu'une occasion se présente qui pourrait accentuer cette nouvelle manière *d'être au monde autrement*.

Comme il me l'avait laissé entendre, Carlo était aussi membre du conseil scientifique de l'institut HeartMath en Californie, une ONG fondée par Doc Childre en 1991 et dont le directeur de recherches était son ami Rollin Mac Craty. L'histoire avait débuté par l'un de ces hasards qui n'existent pas…

Un jour, en surfant sur le Net, je suis tombé sur Rollin qui dirigeait l'institut, m'avait raconté Carlo.

Ce qui me frappa, en faisant des recherches, c'est qu'il travaillait sur l'accès du cœur au cerveau et non l'inverse.

Or on croyait depuis toujours que c'était le cerveau qui contrôlait le cœur, les rythmes cardiaques, la pression sanguine, etc.

Alors quand j'ai vu que Mac Craty déclarait que c'était le cœur qui était le centre de la personne, car non seulement il envoyait et faisait circuler le sang, mais il transmettait plus d'informations au cerveau qu'il n'en recevait de lui, je lui ai immédiatement écrit...

Carlo et son équipe travaillaient depuis longtemps sur les endorphines et les peptides opioïdes censés provenir exclusivement du cerveau. Ils étudiaient le bonheur et la résilience et avaient constaté que ces neuropeptides influençaient aussi la *neurogenèse*, comme il l'avait indiqué au cours de notre interview. Mais à leur grande surprise, ils avaient découvert qu'il y en avait aussi dans le cœur et beaucoup plus que dans le cerveau[1] !

En d'autres termes, les *ingrédients* qui produisaient un bien-être et une harmonisation des

1. Article publié par Ventura et son équipe au sujet de l'influence des neuropeptides sur la neurogenèse : Ventura C., Capogrossi M.C., Spurgeon H.A., Lakatta E.G., « *Kappa-opioid peptide receptor stimulation increases cytosolic pH and myofilament responsiveness to Ca2+ in cardiac myocytes* », *American Journal of Physiology – Heart and Circulatory Physiology*, 1991, vol. 261 (5 Pt 2), p. H1671-H1674.

fonctions du corps se trouvaient en plus grand nombre dans le cœur !

Alors, reprit Carlo, Rollin Mac Craty m'a invité en Arabie saoudite où l'un de ses partenaires avait organisé un séminaire intitulé : « Le roi des organes ».

Vous devinez évidemment de quoi il s'agissait ! sourit-il.

Et nous sommes restés dix jours en osmose avec ces personnes éclairées qui considéraient le cœur pas seulement comme un organe, mais comme le centre d'un changement de paradigme !

C'était un grand moment !

C'est ainsi qu'il était entré dans le cercle restreint et spécialisé de cet institut qui, pour la première fois dans l'histoire du monde, étudiait l'impact du cœur à l'échelle terrestre !

Cette nouvelle comblait mes espérances.

Se pouvait-il que ce que nous éprouvions au niveau de quelques individus puisse avoir un impact collectif d'une telle envergure ?

Une contagion du cœur était-elle possible ?

J'avais posé la question de la pertinence de ce terme à Carlo qui l'avait approuvé, sans l'ombre d'une hésitation.

J'allais bientôt comprendre pourquoi…

Chapitre 11

Les chercheurs de l'institut HeartMath venaient d'horizons différents. Ils étaient ingénieurs, médecins, physiciens, biologistes, psychologues, etc.

Ils avaient réussi l'exploit de rassembler plusieurs milliers de personnes venues de quatre-vingt-sept pays. Ils leur avaient alors demandé de se focaliser sur l'aspect *guérisseur* de leur cœur, pour aider à créer un changement global de conscience.

L'enjeu était de taille : il s'agissait d'inverser l'instabilité et les désaccords fréquents sur la planète – une sorte d'inversion de phase électrique – afin de créer une plus grande coopération, une harmonie et une paix plus durables.

Bref, ce qu'aucune diplomatie n'était parvenue à réaliser jusqu'ici !

Prenaient-ils leurs désirs pour des réalités ?

— Pas du tout, répond Howard Martin, l'un d'entre eux, on a simplement compris qu'on pouvait entrer dans ce qu'on appelle une *cohérence psychophysiologique*. Un terme scientifique qui désigne un état intérieur où tous les aspects de nos différents systèmes corporels fonctionnent en parfaite harmonie, à partir des rythmes cardiaques.

Et le voici me décrivant ce cœur comme le maître de cérémonie, le chef d'orchestre et le faiseur de rythmes de toutes les parties du corps : la digestion, la respiration, les réponses immunitaires, les réactions humaines et psychologiques, bref, tous ces systèmes qui, d'après lui, se synchronisent par le cœur et à travers lui.

— Le plus intéressant, ajoute-t-il, c'est que notre état de cohérence est activé par nos émotions positives de longue durée. Ce sont des images métaphoriquement associées à de longues périodes en lien avec le cœur (les liens d'amour parental par exemple...)

Quand on parvient à faire l'effort inhabituel qui consiste à se dire :

— Ressens comme tu es encore relié à telle ou telle émotion comme la joie, le bien-être, la gratitude, l'amour. Éprouve à quel point ce sentiment te fait encore du bien, combien il t'apporte d'apaisement ! Cela amène progressivement un état de cohérence intérieur. Et une fois qu'il est en place, ces mêmes émotions reviennent plus facilement.

Pour ce groupe de chercheurs acceptant volontiers de passer pour des idéalistes, mais parfaitement rompus à la rigueur du travail scientifique, nous sommes à un moment clé de notre histoire. Un *momentum du cœur* comme l'appelle Deborah

Rozeman, psychologue et membre du directoire de l'institut.

— Ce *momentum du cœur* s'est imposé il y a quelque temps pour mettre les gens de plus en plus en contact à travers leur cœur, car c'est notre nature que de vouloir nous réunir pour collaborer, partager…

Les mots de Carlo me reviennent alors en mémoire : « Quand vous avez des gens qui s'aiment, même s'ils sont deux ou trois, leur champ magnétique respectif devient un champ unique, c'est ça qui est magnifique !

Nous ne savons pas pourquoi exactement, mais ça doit nous dire quelque chose…

Il y a sûrement un sens profond dans le fait qu'un seul champ réunisse d'un seul coup plusieurs personnes qui s'aiment, à ce moment-là. »

Mais ce constat va encore beaucoup plus loin…

— Nous créons collectivement un champ d'énergie électromagnétique qui entre en résonance avec celui de la Terre et tous ses systèmes énergétiques, précise Rollin Mac Craty.

Donc, si je résume, chacun de nous, avec sa propre cohérence, amplifie à son tour ces ondes terrestres. Plus nous sommes nombreux à le faire, plus les fréquences deviennent stables et leur amplitude élevée.

Les recherches d'aujourd'hui prouvent que pour les gens qui font partie de cette histoire, c'est de plus en plus facile de trouver leur propre alignement.

Cela se manifeste par plus de gentillesse, plus d'égards vis-à-vis des autres, plus de compassion.

Ce que j'aime faire, ajoute Rollin Mac Craty, avec une candeur qui pourrait en faire sourire plus d'un, c'est me demander chaque jour : Qu'ai-je fait aujourd'hui pour nourrir ce champ ? Ai-je été plus gentil avec les gens autour de moi ? Plus passionné, plus chérissant ? Combien de mon temps n'a-t-il pas été consacré à cela ? Car c'est un processus où tout compte...

— S'il y a une masse critique de gens qui pratiquent cela instinctivement tous les jours, reprend Deborah, ça peut impacter toute la planète ! L'aider énergétiquement à clarifier ses champs environnementaux. C'est-à-dire éclaircir ce champ qui a été mentalement et émotionnellement pollué au fur et à mesure, afin d'accompagner le bouleversement planétaire en cours.

— Ce changement de conscience, c'est ce qui peut vraiment sauver notre planète, renchérit Mac Craty.

Devant cette évidence, un de mes vieux réflexes surgit : suis-je en train de rêver ?

Quelle est la probabilité pour qu'une masse critique suffisante permette cette révolution ?

— Prenons par exemple le problème de la faim dans le monde, poursuit le chercheur, nous avons toutes les ressources pour remédier à ce problème, il faut juste élaborer une manière de collaborer ensemble.

Il y a quatre-vingts ans environ, des scientifiques avaient placé les premiers électroencéphalogrammes sur des personnes. Ils avaient observé les graphiques et constaté que les lignes sinusoïdales changeaient d'amplitude lorsque l'état de la personne évoluait, quand elle dormait ou qu'elle était éveillée.

C'est ce que nous faisons aujourd'hui à l'échelle planétaire.

On a placé sur la planète l'équivalent de trois électroencéphalogrammes, il s'agit en réalité de magnétomètres. Ces systèmes de capteurs surveillent constamment les fréquences de résonance du champ magnétique terrestre. Ils suivent en permanence les changements de l'activité géomagnétique causés par les tempêtes solaires, les variations de vitesse des vents, les perturbations des résonances de Schumann[1] et, potentiellement, les signes des principaux événements mondiaux pouvant avoir de forts composants émotionnels, comme les événements du 11 septembre 2001 ou la mort de Diana.

Notre but est d'en avoir bientôt environ quatorze, en comptant ceux que nous avons en Angleterre, en Californie et en Arabie saoudite, pour avoir une vue complète sur ce qui se passe au niveau énergétique à l'échelle mondiale.

D'autres sont prévus notamment en Nouvelle-Zélande, au nord du Canada, et prochainement en Afrique du Sud. Puis ce sera l'Alaska, Hawaï, New York, le Chili, la Norvège, l'Inde et la Corée du Sud...

---

1. Les résonances de Schumann sont un ensemble de pics spectraux dans le domaine d'extrêmement basses fréquences (3 à 30 Hz) du champ électromagnétique terrestre.

Ces sites d'observation sont très différents de ceux qui existent actuellement dans d'autres domaines scientifiques.

C'est la première fois dans l'histoire du monde qu'une telle opération a lieu.

Chapitre 12

Cette présentation idyllique me donne envie d'en savoir plus.

Rollin Mac Craty tombe à pic. Le fait qu'il soit l'ami de Carlo compte un peu, je dois l'avouer. Cette confiance entre les deux chercheurs me paraît bon signe même si, dans mon for intérieur, le mental habituel me pousse à plus de circonspection.

À force de ressentir tout à travers le cœur, m'arriverait-il de manquer de discernement ? Un coup de semonce intérieur me remet vite sur le chemin : le doute surgit, avec son cortège d'interrogations…

Des événements comme le 11 septembre 2001 ou la mort de Diana peuvent-ils vraiment avoir eu un impact sur le champ géomagnétique de la Terre ?

Cela semble tellement fou ! Et si c'était vrai, à quels processus personnels et collectifs feraient-ils appel ?

Mais rien à faire, mon ventricule gauche parvient à jouer le censeur et l'amoureux dans une même musique : à quoi bon tous ces efforts, si au bout du compte, rien n'est crédible ? me souffle-t-il.

Pour approfondir mes recherches, il me faut procéder en deux temps : d'abord, demander à Carlo ce qu'il sait sur les instruments employés par l'institut HeartMath. Ensuite, mon intention est de revenir avec Rollin Mac Craty sur cette *cohérence du cœur* individuelle, vu l'impact qu'elle semble avoir sur le champ magnétique terrestre.

J'évoque donc avec Carlo ce curieux équipement nommé SQUEED dont il m'a parlé.

— C'est une sorte de magnétomètre, explique-t-il, avec lequel les chercheurs de l'institut sont parvenus à créer une espèce de carte des champs électromagnétiques, dont celui généré par le cœur. Ils ont alors vu que ce champ avait une très grande extension, qu'il englobait plusieurs personnes sur plusieurs mètres. Mais surtout, qu'il pouvait entrer en résonance avec le champ géomagnétique de la Terre !

Et le plus étonnant, c'est que cette histoire en confirmait une autre, tout aussi extraordinaire, ajoute Carlo.

Elle apportait une preuve supplémentaire aux expériences faites à l'aide de *générateurs de nombres aléatoires* inventés par le physicien Roger Nelson[1].

Là, nous entrions dans un domaine qui touchait à la physique quantique. L'idée était d'étudier l'influence de l'observateur sur l'objet observé, mais de façon expérimentale. En d'autres termes, voir si la conscience d'une multitude de personnes pouvait influencer la matière.

1. Au Princeton Engineering Anomalies Research Lab.

Pour se figurer les générateurs de nombres aléatoires, on peut les comparer à des appareils électroniques lançant des dés à grande vitesse.

Imaginez de nombreuses personnes rassemblant continuellement des informations provenant d'un réseau mondial équipé de ce genre de machines, installées depuis environ dix ans dans soixante-cinq sites à travers le monde.

Leurs observations montrent que lorsqu'on place un générateur de nombres aléatoires qui produit des séquences continues de bits (1 ou 0) dans un endroit où des personnes sont exposées à une émotion intense, comme à l'opéra ou dans une église pendant une cérémonie religieuse, la séquence fixe de 0 et 1 ne correspond plus à 50/50, comme c'est le cas lorsque l'appareil se trouve isolé de toute influence extérieure. Cette constatation laisse donc supposer qu'une pensée partagée par de millions de personnes au même moment influencerait les séquences de nombres produites par ces générateurs.

Alors, ils ont eu la surprise de découvrir que lorsqu'un événement important avait lieu sur la planète, qu'il s'agisse de quelque chose de magnifique créé par les humains, ou d'horrible, ces nombres aléatoires se synchronisaient.

Ce qui permet de penser que la conscience humaine, en tant que somme des consciences individuelles, génère une sorte de force physique, une forme d'intention qui a la particularité de s'autoconnecter avec les champs géomagnétiques de la Terre.

Les images apocalyptiques des avions percutant les Twin Towers me reviennent en mémoire…

J'avais eu le privilège de lire le manuscrit de Roger Nelson, *Connected*, avant sa sortie en français[1].

Il proposait un autre terme intéressant, celui de *champ d'information active*.

— Cet Internet que nous avons créé, disait-il, est une espèce d'électroencéphalogramme métaphorique pour la planète, comme s'il mesurait les ondes cérébrales à l'échelle mondiale.

On ne sait pas s'il existe réellement quelque chose comme une conscience globale, mais s'il y en a une, elle a été touchée par des événements comme celui du 11 septembre 2001.

Comment ? On l'ignore, mais il est apparu que la cohérence et l'intensité de notre réaction commune ont créé une pulsation soutenue et durable dans l'ordre aléatoire du flux de nombres qui sortaient de nos instruments. Des schémas sont apparus, qui ressemblaient à des mises au point concentrées pendant que ces événements captivants nous sortaient de nos préoccupations individuelles, pour nous fusionner en une extraordinaire cohérence.

Peut-être étions-nous devenus, brièvement, une seule conscience globale[2] ?

---

1. Roger Nelson, *Tous connectés – L'émergence d'une conscience mondiale*, Massot Éditions, 2020.

2. *Op. cit.*

Chapitre 13

À présent, il manquait encore la seconde étape : quand et comment pouvait-on parler de *cohérence du cœur* ?

Sur l'écran, Rollin Mac Craty, visage à bords francs et regard énergique, livre un diagnostic sans appel :

— La qualité des signaux envoyés par le cœur a des effets profonds sur le fonctionnement cérébral. Cette qualité agit sur notre clarté mentale, nos expériences émotionnelles que le cerveau interprête largement pour créer la façon dont nous nous sentons.

Il est donc important d'accéder à l'intelligence du cœur si nous voulons faire de meilleurs choix dans l'instant.

Si vous changez le rythme cardiaque, ça facilite l'apport de nouveaux messages au cerveau. Ça ressemble à une découverte, mais on le sait depuis longtemps, c'est de la physiologie de base.

Dans les années 1990, alors qu'il dirige ses premières recherches qui établissent le lien entre rythmes cardiaques et émotions[1], Rollin se demande :

— Qu'est-ce qui renforce notre capacité à créer plus d'équilibre et d'harmonie en nous, dans nos relations, notre travail, dans la façon dont nous gérons nos défis ?

Après vingt années de recherches à l'institut HeartMath, le chercheur parvient à la conclusion suivante :

— Nous avons identifié un élément central, un état physiologique que nous appelons « cohérence cardiaque » : il favorise un équilibre dans les interactions entre notre cœur, notre esprit, nos émotions et notre physiologie.

On a des exemples qui confirment que, lorsqu'un individu est dans un état de cohérence cardiaque, son cœur émet un signal électromagnétique plus cohérent dans l'environnement qui peut être détecté par les animaux ou par le système nerveux des personnes se trouvant à proximité.

Pour rendre le terme *cohérence* plus clair, il suffit d'utiliser une analogie.

— Imaginez que vous êtes en train de méditer, mais constamment interrompu par des pensées et des idées intrusives qui vous perturbent, dissipent votre attention et l'efficacité de vos intentions.

Tout cela crée une sorte de brouhaha, d'incohérences, de confusions internes.

1. Rollin Mac Craty, Deborah Rozman, Howard Martin, Doc Childre, *Heart Intelligence : Connecting with the Intuitive Guidance of the Heart* [L'intelligence du cœur : se connecter avec le guide intuitif du cœur], *Waterfront Press, 2016.*

Pour y remédier, vous tentez de vous focaliser davantage sur votre respiration, votre rythme cardiaque, votre présence intérieure. En faisant tout cela, vous activez cette cohérence interne qui vous aide à son tour à maintenir votre présence et votre efficacité personnelle.

Cette cohérence s'installe quand les rythmes de deux ou plusieurs systèmes physiologiques se synchronisent comme, par exemple, le rythme cardiaque, le rythme respiratoire et la pression cardiovasculaire.

C'est ce qu'on appelle la *cohérence physiologique*, un terme que nous avons introduit pour décrire l'ordre le plus élevé, l'harmonie et la stabilité des diverses activités des fonctions du corps pendant une période.

Ici, un petit rappel *mécanique* – si j'ose dire – s'impose. Comme le cœur est l'organe le plus puissant de notre corps, il a la capacité d'entraîner plusieurs systèmes physiologiques à se mettre en cohérence.

La variation du rythme cardiaque avec l'activité du nerf vague permet d'observer une augmentation importante de l'amplitude de la sinusoïde de la fréquence cardiaque…

Puis, lorsque le rythme cardiaque se synchronise avec la respiration et la pression sanguine, on s'aperçoit que la fréquence de la variation devient très stable dans la zone 0,05 Hz – 0,15 Hz.

De plus, les *émotions positives* que nous éprouvons renforcent la cohérence des systèmes physiologiques qui se mettent à faciliter et fluidifier leurs productions.

Et le contraire est tout aussi visible : un modèle d'activités erratiques dans notre cerveau souligne un système incohérent. Nous nous sentons alors irrités, anxieux ou impatients...

— Dans les années 1990, poursuit Rollin Mac Craty, pour montrer aux participants comment les émotions négatives, comme la frustration et l'impatience, affectaient le rythme cardiaque, nous avions utilisé à l'institut des appareils médicaux.

Ils pouvaient donc constater par eux-mêmes comment, à l'opposé, les méthodes que nous avions mises au point pouvaient faire changer rapidement le tracé de la courbe de rythme cardiaque et le rendre plus souple.

Les employés de HeartMath qui animaient des formations dans les hôpitaux, les écoles et les entreprises voulurent alors inclure ces *démonstrations* dans leurs programmes, car elles avaient beaucoup de succès. Mais l'équipement médical était lourd à utiliser, les électrodes devaient être collées sur les poitrines des participants et ralentissaient l'intégration des méthodes du cours.

Ils ont donc décidé de créer un logiciel de *biofeedback*[1] avec capteur que tout le monde pouvait utiliser quotidiennement.

Et aujourd'hui, ce type d'outil est couramment employé pour se mettre en cohérence cardiaque

1. Le *biofeedback* est une discipline qui étudie les liens entre l'activité du cerveau et les fonctions physiologiques (tension nerveuse, température corporelle, rythme cardiaque, respiration, résistance musculaire, etc.). Il s'agit de la science de l'interaction « corps-esprit ».

et maintenir ses bienfaits dans nos activités quotidiennes.

À présent, je comprenais mieux pourquoi Mac Craty avait déclaré que chacun de nous, avec ou sans appareil, pouvait créer sa propre cohérence qui amplifiait à son tour ces ondes terrestres. Plus nous étions nombreux à le faire, plus les fréquences devenaient stables et leur amplitude élevée.

Chapitre 14

Il est midi. Le confinement se prolonge. L'air se couvre de silence. Seuls les roucoulements de tourterelles et braillements de goélands déchirent la torpeur comme des signes de résistance. La vie est encore là. Au ralenti. L'heure de la promenade ressemble à un poumon.

Le soleil répand ses milliers d'étoiles sur la mer et l'esprit s'envole, expire de gratitude et d'espoir, tandis que notre cœur se tend au-delà des frontières, ramassant la douleur du monde et sa suffocation, l'absorbant, la nichant au creux de lui-même, tâtonnant, propageant comme il peut des ondes d'affliction et d'amour.

Au même moment, d'autres en font autant. Les accords se cherchent, résonnent, s'accouplent ou se défont. C'est ainsi sur toute la planète. Une présence concomitante de forces opposées, tendues et oppressantes.

Laquelle vaincra ? Il est encore trop tôt pour le savoir.

Paul, fidèle à notre rendez-vous téléphonique quotidien, raconte qu'il a profité de ces heures singulières pour relire l'œuvre de Sri Aurobindo et de La Mère. C'est lui qui me les avait fait connaître en 1996. Elle semble l'inonder de la joie qui m'envahit en écoutant Carlo, Rollin, Ervin et les autres... celle que j'ai ressentie aussi en lisant Satprem. Car oui, décidément, l'écriture, lorsqu'elle vient du cœur possédait une énergie singulièrement contagieuse.

— Ce message de La Mère est vraiment prémonitoire ! s'écrie-t-il, même s'il date de 1956.

Il tient à me le lire à haute voix, comme si son timbre grave et sonore ajoutait en direct ce supplément d'âme que la nature avait mis dans ses cordes vocales et qui opérait chaque fois que nous nous rapprochions.

— *Une chose paraît évidente*, commence-t-il, *c'est que l'humanité est arrivée à un certain état de tension générale – tension dans l'effort, tension dans l'action, tension même dans la vie quotidienne – avec une suractivité si excessive, une trépidation si généralisée, que l'ensemble de l'espèce semble être arrivée à un point où il faut faire éclater une résistance et surgir dans une conscience nouvelle, ou bien retomber dans un abîme d'obscurité et d'inertie.*

Un petit silence pour intégrer le poids des mots, puis son timbre reprend comme une caresse, en détachant ses mots :

— *Cette tension est si totale et si généralisée que quelque chose doit évidemment se briser. Cela ne peut continuer ainsi. On peut prendre cela comme un signe certain de l'infusion dans la matière d'un principe nouveau de force, de conscience, de pouvoir, qui par sa pression même produit cet état aigu.*

La résonance opère, pénètre dans les cellules, commence à les faire vibrer. L'idée d'une pression produisant l'état aigu que nous vivons s'installe, opérant une synchronisation, puis une brusque jubilation...

— *Extérieurement,* poursuit Paul, *on pourrait s'attendre aux vieux moyens employés par la Nature quand elle veut produire un bouleversement, mais il y a un caractère nouveau qui n'est visible évidemment que dans une élite, mais cette élite est suffisamment généralisée – elle n'est pas localisée en un point, un endroit du monde, on en trouve des signes dans tous les pays, sur toute la terre : la volonté de trouver une solution ascendante, nouvelle, plus haute, un effort pour surgir vers une perfection plus vaste, plus compréhensive.*

Un refus d'y croire, tout en y croyant... Suis-je anesthésiée par tout ce que j'ai appris ? Ou ces paroles nous concernent-elles au point qu'il s'agit bien de nous, aujourd'hui, à l'heure où elles sont dites ?

L'envie immédiate de partager ces réflexions avec Pim, Mario, Carlo, Ervin et les autres...

Au loin, la mer scintille, vaste comme une promesse ou comme la patience qui nous est demandée.

La voix de Paul se double d'un léger ruissellement. Sans doute la fontaine en face de ses fenêtres. Il doit faire beau à Paris, me dis-je.

— *Certaines idées d'une nature plus générale, plus étendue, plus collective pourrait-on dire, sont en train de s'élaborer et d'agir dans le monde. Et les deux vont de pair : une possibilité de destruction plus grande et plus totale, une invention qui augmente éperdument la possibilité d'une catastrophe, une catastrophe qui serait beaucoup plus massive qu'elle ne l'a jamais été et, en même temps, la naissance, ou plutôt la manifestation d'idées et de volontés beaucoup plus hautes et plus compréhensives qui, lorsqu'elles seront entendues, apporteront un remède plus étendu, plus vaste, plus complet, plus parfait qu'auparavant.*

— C'est incroyable ! s'écrie Paul. On dirait qu'elle est là, dans la pièce, avec nous aujourd'hui… et attends, tu vas voir !

Tout se fige dans mes veines. Une docilité inhabituelle s'éveille, s'étend, respire.

— *Cette lutte*, marque Paul en s'arrêtant, *ce conflit entre les forces constructives d'évolution ascendante, de réalisation de plus en plus parfaite et divine, et des forces de plus en plus destructrices – puissamment dévastatrices, des forces d'une folie qui échappe à tout contrôle – est de plus en plus évident, marqué, visible, et ce n'est qu'une sorte de lutte à qui arrivera le premier à son but.*

Une impression diffuse me renvoie l'image du journal télévisé quotidien où s'affrontent les luttes contre la maladie, les guerres, les gestes qui sauvent, le nombre des morts, la peur généralisée, les pénuries de masques, etc., et, en contrepartie, comme un conte de fées, l'institut HeartMath et les effets cardiaques bienfaisants sur un grand nombre d'entre nous, mêlé au champ électromagnétique de la Terre…

Où sommes-nous ? Dans quel film de science-fiction, dans quelle double réalité ?

Mais la voix de Paul s'est amplifiée. Il semble pressé d'aboutir à la fin qui détrônera toute tentative disruptive.

— *Il semblerait que toutes les forces adverses anti-divines, les forces du monde vital, soient redescendues sur la Terre, qu'elles s'en servent comme de leur champ d'action et qu'en même temps, une force spirituelle plus haute, plus puissante, nouvelle, soit aussi descendue sur la Terre pour y amener une vie nouvelle. Cela rend la lutte plus aiguë, plus violente, plus visible, mais il semble aussi, plus définitive, et c'est pourquoi l'on peut espérer arriver à une solution prochaine.*

— Tu vois comme elle est positive ! fait-il remarquer, comme s'il se coulait dans ses mots.

Un seul bémol : les mots « forces adverses » et « anti-divines » m'embarrassent un peu, bien qu'ils correspondent au vocabulaire de l'époque. C'est sans doute l'une des raisons pour laquelle, le message de Sri Aurobindo et de La Mère n'a pas eu le retentissement qu'il aurait pu avoir ici, en Europe, notamment à cause de sa résonance un peu *New Age*.

Mais Paul embraye aussitôt :

— *Cela ouvre des routes de réalisation dans l'avenir des possibles qui sont déjà prévues, où toute une partie de l'humanité, toute celle qui s'est ouverte consciemment ou inconsciemment aux forces nouvelles, sera comme soulevée vers une vie plus haute, plus harmonieuse, plus parfaite...*

Plus parfaite ! entends-tu ?

— Oui, j'entends très bien, tu n'es pas obligé de vérifier ! Ta voix me suffit !

Je l'entends qui sourit, puis il reprend sa lecture :

— *Si les transformations individuelles n'y sont pas toujours permises ni possibles, il y aura une sorte de soulèvement de l'ensemble, d'harmonisation du tout qui fera qu'un ordre nouveau, une harmonie nouvelle pourront s'établir et que l'angoisse du désordre et des luttes actuelles pourra disparaître et être remplacée par un ordre qui permettra un fonctionnement harmonieux du tout*[1].

---

1. La Mère, *Entretiens, 21 avril 1956,* « Les mondes cachés et les forces évolutives », p. 191-193.

Chapitre 15

Encouragée par cette lecture, je décide partager mon enquête avec Paul à chaque échange quotidien. Sa connaissance des textes spirituels introduira un peu d'humanité et d'amplitude aux observations scientifiques, parfois très techniques, que je recueille. Un écho traversant les siècles.

— Belle idée ! répond-il.

— Tel Ulysse sur les traces d'Homère, nous sillonnerons le monde, nos pas dans ceux de ces héros, mélangeant passé et présent, mythe et réalité !

— Pas trop de mélanges quand même ! sourit-il.

Des effets se font déjà sentir. Un nouveau rythme s'est créé, ralenti, ajusté aux mouvements de la mer, aux sporadiques assauts du vent, à la paresse des tortues sous le soleil, aux passages des goélands au-dessus des toits, à la lente tombée des jours, à tous ces éléments qui ponctuent ce rétrécissement programmé. Voici qu'ils s'inscrivent d'une autre manière, monotone, familière, poignante parfois, plus sentimentale globalement dans nos vies.

Ce qui m'est révélé prend un nouveau sens, comme si j'avalais au fur et à mesure des comprimés de bien-être qui opéraient ensuite à mon insu. Le monde se tisse autrement.

Est-ce aussi l'influence de Carlo, de Rollin et de tous ceux qui ont consacré leur vie à partager toutes les dimensions du cœur ? Ou simplement l'apprentissage de ces intuitions qui, une fois mises en lumière, s'engramment dans la matière, devenant des habitudes, des visions différentes ?

Paul semble ouvert à ma proposition, mais un peu circonspect.

— Le travail spectaculaire de l'institut HeartMath entre en résonance avec cette *contagion du cœur* dont je te parle depuis longtemps ! Incroyable, n'est-ce pas ?

Mon enthousiasme éveille ses doutes.

— Crois-tu réellement qu'il y ait un effet du cœur sur les fréquences terrestres ? demande-t-il dubitatif, avec cet air protecteur qu'il a toujours lorsque je m'emballe pour quelque chose.

— Je ne l'ai pas inventé…

L'institut HeartMath avait découvert que des gens en *cohérence cardiaque* pouvaient influencer la biologie des autres par une sorte de contagion, sans qu'ils fassent quoi que ce soit de particulier. Ils apportaient du bien-être à leur entourage, un sentiment de sécurité, de fraternité qui avait un pouvoir positif sur leur santé.

Le problème est que la plupart des gens ignoraient les méthodes permettant de se mettre en cohérence cardiaque. C'est là que l'institut a joué un rôle clé. Il a mis en place une dynamique de groupe formée à cette cohérence cardiaque. Et devant les résultats très productifs, ils ont alors créé ce qu'ils ont appelé la « *cohérence sociale* ».

Paul semble tout aussi sceptique, m'obligeant à développer le processus :

— Ensuite, en voyant les résultats, poursuis-je, l'institut a été plus loin et s'est intéressé à la *cohérence globale*.

Rollin Mac Craty et son équipe pensaient en effet que le champ énergétique et magnétique terrestre pouvait être un vecteur de communication.

Ils se basaient sur la *cohérence quantique* que les recherches de Penrose[1] avaient démontrée : c'est l'idée qu'un grand nombre de particules peuvent coopérer pour maintenir un état quantique particulier, une sorte d'état à la frontière du monde classique et du monde quantique.

Alors, ils se sont demandé :

— Est-ce qu'on pourrait appliquer cela à l'échelle humaine ?

Le silence de Paul prolonge le suspense.

— Tu m'écoutes ?

— Oui, mais je ne suis pas convaincu. Ils ne pouvaient pas se baser que sur une loi aussi vague…

— Attends la suite !

Ils avaient constaté, en observant les colonies d'oiseaux dans le ciel, qu'il y avait une grande

1. Roger Penrose : mathématicien, astrophysicien et philosophe des sciences. Il a reçu le prix Nobel de physique en 2020.

cohésion dans la nuée et, en même temps, une grande liberté pour chaque oiseau.

Il existait aussi des phénomènes semblables chez les champignons fluorescents qui s'illuminent au même moment la nuit, dans les forêts d'Amazonie...

De plus, les études américaines à Washington DC réalisées en 1993 démontraient que des méditations comprenant 2 500 méditants simultanément avaient réduit de 25 % les indicateurs de criminalité pendant le temps de la méditation.

Il y avait aussi d'autres nombreuses recherches qui avaient validé ce phénomène aussi bien en Israël, qu'au Liban et en Yougoslavie.

Bref, Mac Craty et son équipe ont voulu alors avoir une perception précise de l'impact des fréquences terrestres sur l'Humain. Ils ont décidé d'implanter douze magnétomètres tout autour de la planète pour relever l'évolution des champs terrestres.

— Leur première découverte, c'est que le champ électromagnétique terrestre est bien porteur d'informations qui affectent les êtres vivants. Si tu veux le vérifier, ça a fait l'objet d'une publication en 2016.

— Que disait-elle ?

— Elle indiquait :

Un : que lorsque l'activité des vents solaires sur la calotte polaire augmentait, les émotions positives diminuaient, l'anxiété, la confusion et la fatigue augmentaient.

Deux : que lorsque certaines ondes de basse fréquence étaient plus cohérentes, ça déclenchait une réponse positive du système nerveux autonome. Résultat, ça apportait de la clarté mentale et du mieux-être !

Paul paraît hésiter. Au lieu de partager ma ferveur, il fait preuve d'une retenue qui perdure, inconnue jusqu'alors. Cette petite défiance touche une corde sensible.

— En bref, ils se sont aperçus que les humains sont synchronisés physiologiquement au champ magnétique terrestre et que ça affecte leur énergie, leurs émotions et leur intellect…

Cette réflexion ne produit décidément pas l'effet recherché. Paul ne semble pas y croire. Mais je ne me laisse pas démonter :

— La question que l'équipe se pose alors, c'est : si le champ magnétique terrestre influence en profondeur l'être humain, est-ce que l'inverse peut être vrai ? Je te rappelle qu'ils avaient déjà des preuves après avoir étudié des groupes de méditants qui, par leur prière, arrivaient à apaiser des zones de conflits.

Le silence au bout du fil renvoie une incompréhension. Un léger froid me pousse à renchérir :

— Pendant qu'il implantait ces magnétomètres un peu partout dans le monde, l'institut a décidé de lancer un autre projet au nom un peu barbare : le groupe d'Initiative de Cohérence Globale, l'ICG. C'est un réseau de dizaines de milliers de volontaires dans cent cinquante pays pour nous aider à cocréer un monde meilleur !

— On dirait une secte…
— Veux-tu en faire partie ?
Cette fois Paul se demande si je plaisante, mais il se trompe.

Chapitre 16

Sud de la France, avril 2020…

Carlo est toujours bloqué en Suisse avec sa famille. Le confinement le rendant plus disponible, nous voici à nouveau face à face, en visioconférence. Cette fois, son visage tout entier est à l'écran. Son front dégagé accentue l'ouverture de ses traits. La même fraternité s'installe immédiatement.

Est-ce la méfiance de Paul ? Ou la démesure des recherches de l'institut HeartMath ? Une urgence s'est imposée la nuit même : il me faut revenir sur l'impact de ces événements mondiaux qui pourraient attester de l'existence d'une conscience globale sur la planète, durant un temps limité mais mesurable.

Pour ce faire, j'aimerais que Carlo revienne sur ces heures qui ont traumatisé le monde.

— Il faut essayer de se représenter ces événements dans une perspective *d'avant et d'après, au même instant*, suggère le chercheur, imposant sans s'en rendre compte une petite gymnastique à mon esprit récalcitrant.

Nos vies sont trop souvent bloquées par nos manières de penser, et voilà que surgissent des événements qui nous forcent à réfléchir autrement. À repenser le sens profond de notre être, le « *qu'est-ce qui peut faire renaître la vie en nous ?* »

Nous pouvons enfin, reprit-il, nous demander ce qui se cache derrière ces attaques terroristes ou cette pandémie actuelle en termes de « *qu'est-ce que ça remue en nous ? Qu'est-ce que ça choque dans notre conscience ?* »

Et cela nous oblige à repenser les choses autrement, à réfléchir à plein de choses.

Le grand risque, c'est qu'on perde la mémoire, qu'on recommence comme avant, en oubliant l'opportunité extraordinaire que nous offre ce moment pour repenser notre manière d'être, de penser, de croire et, surtout, la façon dont nous pourrions tracer un futur différent.

Car on peut toujours dire « ces histoires ont toujours existé et elles se répéteront toujours, ça fait partie de l'être humain, on s'est toujours tué les uns les autres, les plus forts ont toujours survécu aux dépens des plus faibles, etc. »

Mais je pense qu'aujourd'hui, plus que jamais, nous devons profiter de ce qui se produit pour revenir à nous-mêmes, pour faire un saut dans l'évolution où nous serons enfin capables de dépasser notre dualité.

Lorsque Carlo évoque ce dépassement, le texte de La Mère me revient à l'esprit. Se pourrait-il que nous soyons à l'heure de ce changement tant attendu ?

Dans ce cas, l'institut HeartMath et les recherches sur la conscience globale de Nelson notamment deviendraient des instruments de cette évolution…

— Lorsque nous sommes devenus amis, Rollin et moi, reprend Carlo, nous avons pensé à ce que nous pourrions transmettre aux générations futures comme efforts pour aller au-delà de cette dualité, explique Carlo. Alors, nous avons cherché à enquêter sur le sens des choses et décidé de travailler sur ce monde immatériel qui est celui des énergies.

Car ce sont elles qui ont le pouvoir de créer de vraies transformations en nous, de nous illuminer, de nous reconnecter à un voyage commencé il y a des milliers de siècles, que nous avons interrompu en plaçant l'être humain au centre de tout, sans limites.

Nous avons en quelque sorte vampirisé les chances que nous avions d'avoir une évolution différente.

— Comment faire concrètement ? dis-je.

— L'une des plus grandes valeurs de l'institut, répond Carlo, c'est de penser à la pratique, de nous amener à explorer quotidiennement les ressources que révèlent nos cœurs : vous pouvez méditer, vérifier que la variabilité de votre cœur est en train de changer, qu'il est en train de vous apprendre quelque chose de nouveau. Et vous pouvez partager cela avec d'autres en temps réel, sans tenir compte de la distance.

Avec notre équipe, nous essayons de créer des événements où les gens participent et explorent quelque chose individuellement et ensemble, au même moment.

Par exemple, fabriquer des hypothèses et les vérifier, ou les transposer au théâtre, composer de la musique, faire des installations, etc. Et cela, continuellement.

Car ce n'est pas ce que vous faites en pratique, mais comment vous introduisez de nouvelles données, de nouveaux horizons dans votre vie, qui compte.

Voir la science comme un acte de création ! C'est cela l'essentiel ! conclut-il.

Chapitre 17

Sud de la France, avril 2020…

— Le Dieu des hommes est un *scientifique*, dit Paul d'un ton léger, lorsque je lui énonce la conclusion de Carlo. C'est vrai que si l'on pense qu'à un détail d'un milliard de milliardième de trilliardième de seconde près, la vie n'aurait pas pu exister sous cette forme…

— Alors, tu n'es plus réticent à l'idée dont je te parlais la dernière fois ?

— Tu veux parler de cette initiative globale au nom bizarre ?

— Oui…

— Il me semble que chacun doit faire comme il sent, dit la voix de Paul sans aller plus loin.

Pense-t-il que je cherche à l'influencer ?

Parfois, de vieilles grilles de lecture remontent entre nous, comme des résurgences d'algues stagnant à la surface de l'eau. J'essaie de ne pas m'en formaliser : ces processus doivent s'écouler comme ils viennent. Tout est occasion d'apprendre.

Les constats de Rollin me reviennent en mémoire :

Les gens deviennent de plus en plus agités, pressurisés, épuisant leur énergie et accablés.

Pour cette raison, grâce aux données des magnétomètres, (Mac Craty parle du réseau de la GCI – *Global Consciousness Initiative*[1], dont le nom a échappé à Paul), des scientifiques étudient depuis un certain temps comment les fréquences de résonance du champ magnétique de la Terre influencent la santé et les comportements humains.

Nous savons à présent que les fréquences de la Terre se rapprochent de celles du cerveau, du cœur et du système nerveux autonome.

Ces études montrent même une relation surprenante entre la santé, les comportements humains et l'activité solaire et géomagnétique, Rollin avait insisté sur ce point.

Elles encouragent l'hypothèse que le champ électromagnétique terrestre porte d'importantes informations biologiques reliant tous les systèmes vivants.

Cette idée avait ouvert un foisonnement d'images. Des cieux s'écartent, balayés par de gigantesques laves d'aurores australes issues des tempêtes solaires, telles d'immenses langues tourbillonnant du vert au jaune sur le mauve des nuits antarctiques, telles les fantômes phosphorescents

1. GCI : Initiative pour une Conscience globale, un programme lancé par Rollin Mac Craty dans le cadre de l'institut HeartMath.

de nos livres d'enfants, poignardant les cœurs, les écartant jusqu'à l'extase.

Se pouvait-il que nous fussions reliés à tout cela ? Que certains dans le secret de leur poitrine, puissent percevoir ces courants infimes vibrant à l'unisson de ces lignes célestes à *haute tension* ?

— Nous essayons d'aider les gens à réaliser toujours plus combien ces forces interagissent ! avait-il insisté, faisant culminer ces visions. Et à comprendre à quel point ces résonances qui en découlent s'approfondissent sans cesse, nourrissant l'esprit et s'accentuant, lorsque les connexions humaines se fondent sur la cohérence du cœur.

Devant ses mots, un calme s'était installé, ralentissant la respiration comme si ces mots agissaient directement sur ma propre physiologie.

Ce groupe de chercheurs avait anticipé ce qui pourrait se produire si cette prise de conscience avait lieu à une échelle suffisamment vaste.

Et Rollin Mac Craty avait conclu, avec des mots qui ignoraient la portée qu'ils pouvaient avoir :

— Nous cherchons aussi à démontrer qu'augmenter ces connexions va conduire à des solutions intuitives pour les changements globaux et la transformation de notre monde et de notre conscience…

Tous ces indicateurs d'espoir resteront-ils lettre morte ? ai-je envie de lancer à Paul. Quand atteindrons-nous cette masse critique qui fera basculer le reste du monde ?

Cette patience obligée provoque une douleur qui s'efface presque aussitôt devant mes sentiments pour Paul.

— Je ne cherche pas à t'imposer quoi que ce soit, lui dis-je, mais les humains ne sont pas séparés, tu le sais bien. C'est intuitif. Il suffirait qu'ils se relient à leur cœur, sans passer par leur mental. Toi, ton comportement le prouve à chaque seconde.

Paul n'a en effet jamais cessé d'être au service des autres, à la fois pédagogue et thérapeute, comme si tous étaient ses propres frères. Il avait monté des ONG, traduit des livres de sagesse, lancé des alertes et des pétitions, notamment la dernière durant le confinement, demandant le principe de précaution sanitaire contre le déploiement de la 5G. Il participait aussi à la soupe populaire, aidant les gens du quartier et ne comptant jamais son temps lorsqu'il s'agissait d'alléger des souffrances ou des solitudes.

— Qu'en sais-tu ? Tu n'es pas dans ma tête ! répond-il en riant.

— Ça fait plus de trente ans qu'on se connaît, je n'ai pas besoin d'être dans ta tête !

— Bien sûr, tu vas me dire comme d'habitude que nous ne faisons qu'un, que nous ne sommes que des manifestations distinctes issues d'un vide plein !

— Exact, tu fais de la physique quantique à présent ?

— Non, je pense que nous le sentons à un certain niveau de nous-mêmes, mais cela ne nous dit rien de concret, nous n'en avons pas la compréhension, ni l'usage.

— L'usage ? m'écriai-je. Mais il suffit de comprendre que nous sommes tous des *êtres manifestés*, provenant du *non-manifesté*, en d'autres termes, du monde quantique, unis derrière nos apparences et reliés à des fréquences terrestres qui peuvent influencer notre santé, nos comportements et réciproquement ! Tu trouves ça si difficile à saisir ?

— Encore faut-il le démontrer !

Paul se fait volontairement adversaire, je le sens au ton de sa voix. Ce petit jeu l'amuse. Nous ne sommes pas dupes. Quelque chose en lui voudrait y croire…

À mes oreilles, la voix de La Mère : « Évite les vaines discussions, mais accepte librement les échanges d'opinions. Si tu es contraint de discuter, apprends quelque chose de ton adversaire car, si tu écoutes avec la lumière de l'âme et non avec l'oreille et le mental qui raisonne, tu peux recueillir beaucoup de sagesse[1]. »

Sa défiance cache une peur quelque part, me dis-je. Pourquoi résonne-t-elle à ce point en moi ? Qu'est-ce qui, dans nos histoires, rallume ce conflit ? Cette question ouvre un silence. Les *forces célestes* y répondront-elles ? C'est fou comme l'on se fait grandir l'un l'autre…

— Tu vas voir, lui dis-je, rien ne peut plus arrêter ce que certains appellent *ce saut quantique* !

---

1. Sri Aurobindo, *Pensées et aphorismes*, traduits et commentés par La Mère, éditions de l'ashram Sri Aurobindo, aphorisme 299, 1994, p. 339. La première édition de ce titre date de 1974.

De plus en plus de gens s'éveillent. Déjà, certains considèrent les animaux comme leurs semblables, veulent réparer la planète, comprennent qu'il n'y a pas de séparation entre eux. Certaines âmes incarnées n'ont plus besoin de s'aventurer dans le champ d'expérience de la vie. Elles viennent par amour de la vie elle-même, un amour contagieux.

— Qu'en sais-tu ?

— Ouvre les yeux ! Peut-être verrons-nous ce changement, peut-être pas ? Quelle importance ? Cette transition peut durer quelques mois ou quelques siècles, mais elle est inéluctable. Et chacun de nous a sa part de responsabilité !

La conversation s'interrompt faute de « batterie ». Elle laisse une musique espiègle, joyeuse comme si nous devions sans arrêt jouer à ne pas croire, à ne pas voir, pour mieux intégrer cette maturation, cet *impossible-possible* en nous.

Chapitre 18

À la suite de cette conversation, quelques jours de silence avec Paul ont semé le doute. Comme d'habitude lorsqu'il questionne mes cogitations, un abîme s'ouvre dans lequel s'immiscent tous mes anciens schémas de pensée.

Nuit et jour, les informations recueillies reviennent dans un combat lancinant entre *crédible ou non crédible ?* Entre *ai-je bien tout saisi ? N'y ai-je pas mis de projections ?* Et l'efficacité de leur puissance d'action.

Au point qu'il n'est pas un jour où, captée par l'une de ces idées au beau milieu d'une course dans un magasin, je ne me souvienne plus ce que je suis venue chercher. Le disque dur est tenace.

Alarmée par cette distraction, je décide de revoir la dernière interview de Rollin, histoire de la sortir une fois pour toutes de ma tête.

Pour plus de clarté, il me faut revenir une dernière fois, plus précisément, sur le rapport entre le champ géomagnétique de la Terre et les fréquences de nos cœurs.

— C'est très simple, avait dit Rollin, il faut imaginer ce champ magnétique comme un espace composé de lignes invisibles, des espèces de cordes de guitare vibrant à certaines fréquences, telles des notes de musique, du pôle Nord au pôle Sud. Elles sont très longues bien sûr, des centaines de milliers de miles dans l'espace, donc elles ont une résonance très basse.

Ces fréquences rencontrent les vents solaires terrestres qui créent des pressions et des fluctuations sur les ondes magnétiques au cours des jours et des nuits, pendant que la Terre tourne autour du Soleil, etc.

Ce qui est frappant, c'est que la fréquence de ces vibrations est identique à celle de nos rythmes cardiaques, surtout lorsque ceux-ci sont naturellement cohérents, c'est-à-dire quand nous éprouvons sincèrement des sentiments comme l'amour, la compassion, l'appréciation de quelque chose.

Notre système de fonctionnement cœur-cerveau-communication entre alors naturellement dans la fréquence 0,1 hertz qui est l'une des premières basses fréquences du champ magnétique terrestre. On les appelle *les lignes de résonance du champ magnétique terrestre* !

Il y a un second élément important, avait précisé le chercheur, c'est un mécanisme complètement différent.

Il y a aussi autour de la Terre la sphère ionique, une couche très hautement ionisée qu'on appelle plasma. Et l'une des propriétés de cette ionosphère, c'est qu'elle sert de miroir aux ondes magnétiques. Ce sont les *résonances de Schumann*. Il y en a huit.

La première est à 7,83 hertz, et ces huit résonances ont des chevauchements directs avec nos ondes cérébrales.

Mais la ligne de résonance du champ dont je viens de parler est encore plus forte en matière d'ondes magnétiques ! Et ça doit sûrement signifier quelque chose !

Donc si l'on regarde au niveau du système humain, quand votre cœur bat et que vous placez des électrodes sur la poitrine à l'aide d'un électrocardiogramme, vous êtes en train de mesurer son électricité.

C'est un peu comme avec un téléphone cellulaire, vous transportez de l'information grâce au champ électromagnétique. Le cœur fait la même chose : il irradie ses ondes à l'extérieur du corps et lorsque deux fréquences électromagnétiques se rencontrent, elles se transfèrent mutuellement de l'information. Notre cerveau et notre cœur vibrant aux mêmes fréquences que la Terre, on peut donc transférer de l'information entre ces grands champs magnétiques terrestres, dans lesquels nous vivons, et nous-mêmes.

Avec le téléphone cellulaire, Rollin reprenait l'exemple d'Ervin qui avait « éclairé ma lanterne ». Le champ n'était qu'un support. L'essentiel, c'était le contenu, le sens de ce qui était transporté, la consistance et la forme des images, l'impact qu'ils allaient avoir…

Ce qui est fantastique, c'est que lorsque notre cœur vibre dans sa cohérence naturelle, c'est-à-dire que nous entrons dans un état plus amoureux ou compassionnel, en ressentant ces émotions, en pratiquant cette cohérence, nous renforçons notre système immunitaire et augmentons cette cohérence globale qui unit tous les systèmes vivants.

Aimer plus et mieux paraissait si simple... et son contraire, si coûteux en énergie et destructeur !

En repensant à cette interview, je me demande encore comment il se fait que si peu de médias se soient intéressés à cette ouverture du cœur, désormais si urgente pour la survie de l'espèce ?

TROISIÈME PARTIE

La transcendance du cœur : moteur de transformation et force d'Amour d'une puissance infinie…

Chapitre 1

Bruxelles, début mai 2020…

Les rues sont désertes. La ville semble s'être nettoyée d'elle-même, chauffée par un printemps qui fait exploser les fleurs dans les parcs et autour des maisons. Quelques habitants s'affairent, masqués pour la plupart, longeant les façades munis de leurs cabas, s'écartant au passage des autres, tandis que beaucoup s'agglutinent dans les jardins, comme s'ils voulaient rejoindre ce passé d'il y a peu. Comme si rien n'avait eu lieu.

Ici comme ailleurs pourtant, le danger rôde tel un pollen empoisonné, instillant un nouveau rapport à autrui, à l'espace, au temps. Quelque chose a fleuri dans les cellules. Quelque chose qui a ouvert les cœurs, répandant un parfum différent, mais que tous ne sentent pas.

— Je suis toujours là pour toi, m'avait dit Paul un jour, distillant un présent éternel.

Je le sens, malgré la distance. Et ce souvenir, chaque fois, rallume la même flamme, scellant une sécurité quelque part.

Être là. Toujours. Les uns pour les autres…

Il avait ouvert une porte céleste. *Le bon numéro* aurait dit Ervin. Ces mots christiques étaient inscrits en chacun de nous.

Paul en avait-il conscience ?

Ces termes étaient aussi implicitement présents dans *la non-localité* des physiciens, cette loi où ce *Tout ce qui était, était toujours là*, immuable, suspendu quelque part, silencieux dans le noir d'un vide qui n'était pas vide, dans une matière obscure qui contenait la lumière.

Ce principe faisait de nos cœurs des prises de courant reliées à leur Source, hors espace-temps.

Le feu passe au vert. Le temps de sortir de ma rêverie. Le signal sonore s'accélère. Où suis-je déjà ? Une pancarte indique « chaussée de Waterloo » et, en dessous, le même nom en flamand, imprononçable. Plus que quelques mètres sur la droite et je serai arrivée à destination.

Non loin de là, au quatrième étage de la rue Antoine-Bréard, une petite vie vient de s'incarner, une luciole parmi les autres en ces heures qui ne ressemblent à rien. C'est elle qui m'a amenée ici avec la force d'un tsunami.

Un *travail pratique*, après tout ce que j'ai appris, la preuve matérielle qu'un autre *déroulé* est possible, que le cœur en est l'origine et le centre. Elle s'est dépliée comme un espoir, un souffle nouveau dans l'incertitude, une promesse à toutes les générations dans ces temps incertains : Reprenez confiance ! Rien ne sera plus comme avant… Les bébés qui naissent sont venus pour aimer, pour apporter de la lumière…

Ils sont là pour ouvrir les cœurs !

En pensant à cette idée, une joie se distille telle un alcool magique et une image me traverse : celle d'Alba, l'Argentine qui avait vécu un éveil peu de temps avant son accouchement.

Au moment où son deuxième fils était en train de naître, l'enfant lui avait fait vivre une autre expérience frappante :

« Le temps acquiert une qualité vertigineuse, je nais et je meurs à de nombreuses reprises. S'interposent des fragments d'autres vies, d'autres morts, d'autres façons d'être.

À ce moment, de nouveau je sais tout, je comprends tout. Je suis, nous sommes des condensations du processus de la vie. La mort est une naissance et la naissance est une mort. »

Sur ce trottoir comme ailleurs, les vitrines ont gardé leurs étalages d'avant. Portes closes. Seules les boutiques de nourriture n'ont jamais cessé d'étaler leurs marchandises, comme si l'essentiel se résumait à manger.

La prochaine à droite, et il ne restera plus que quelques mètres avant d'atteindre l'immeuble.

En cette étrange période, l'expérience d'Alba me rappelle curieusement les propos récents de Rollin Mac Craty sur l'impact des ondes magnétiques du cœur mêlées à celles de la Terre.

Et si notre Terre vivait un accouchement ? Si ses accès de colère traduits en tornades, incendies, tremblements de terre, éruptions volcaniques ou pandémies, n'étaient que des *contractions* préparant une autre *naissance* ?

Alors la question deviendrait :

À quoi sommes-nous en train de mourir ? Pour renaître à quoi ?

« La réponse est dans la question ! » aurait dit Satprem…

Et comme maintenant, j'aurais perçu cette évidence sans pouvoir l'expliquer.

Devant les magasins, les queues s'allongent. Les silhouettes penchées sur leurs portables ressemblent à des notes de musique. Nos conditionnements explosent comme le pollen dans l'air.

Alba est-elle aussi en train d'attendre parmi les autres dans sa lointaine Argentine ? Pourquoi m'obsède-t-elle ainsi ?

Quelques années plus tard, il lui était arrivé une autre *aventure* qui pouvait sérieusement interroger la conscience des femmes lorsqu'elles mettaient leur enfant au monde.

Son fils Flavio, alors âgé de cinq ans, s'était brusquement souvenu de ce qu'il avait vécu avant sa naissance, quand il était encore dans cet état intermédiaire qui précède l'incarnation, que les Tibétains appellent le *bardo*. Et avec une clairvoyance surprenante, à l'aide de son vocabulaire d'enfant, il était parvenu à se faire comprendre de tous.

« Il n'y a pas que moi qui viens du Soleil ! » avait-il dit un jour à ses parents, avec ses yeux pétillants et son visage fin encadré de boucles sombres.

Puis, à la stupéfaction de tous, il avait donné des détails dont la provenance était inconnue et totalement inédite.

Entre huit et onze ans, il les réitéra et les complétа, cette fois encouragé par ses parents et son frère. Ces informations firent réagir tout son entourage et bien au-delà, car elles étaient souvent empreintes d'éléments scientifiques qui explosaient alors à travers la physique quantique.

Flavio avait par exemple une explication de l'origine de la matière :

« Dieu [en réalité comme on le verra plus loin, il parle du "Noyau nucléaire, l'origine, la force expansive qui irradie l'existence"] a concentré son pouvoir et il s'est transformé en *temps*. Il a concentré le temps, l'a paralysé et il s'est transformé en *énergie*. L'énergie s'est concentrée, a explosé et la *matière et l'anti-matière* se sont créées.

L'énergie donne naissance à trois pôles : positif, négatif et pôle intermédiaire. À partir de là se forment les galaxies, les mondes et les différentes formes de vie, etc.

L'Univers peut être représenté comme une sphère, qui n'a ni fin ni commencement.

Au centre se trouverait le Noyau, l'origine, la force expansive qui irradie l'existence.

Il y a des infinités de dimensions dans tous les plans.

L'Univers se manifeste en deux niveaux : manifesté, non manifesté. »

Devant cette affirmation, je n'avais pu m'empêcher de penser à la théorie du physicien David Bohm : *explicate order* (l'ordre expliqué, au sens : le manifesté) et *implicate order* (l'ordre impliqué : le non-manifesté).

En ce qui concernait le niveau manifesté de l'univers, Flavio affirmait :

« C'est le côté féminin, "mère", l'aspect manifesté de l'Univers. C'est un niveau où on peut classifier et diviser. Il est possible de le définir avec des images et des mots.

Dans l'autre pôle de cet Univers, ajoutait le petit bonhomme, il n'y a pas de formes, pas mêmes de formes comme les âmes ou les êtres primordiaux. »

Et, à propos de qui organisait les différents niveaux de l'Univers ? Flavio avait précisé :

« C'est la Pensée divine qui organise la totalité de l'Univers. On ne devrait pas utiliser le mot *Pensée,* parce qu'elle est trop subtile pour être comparée à la pensée humaine. C'est le Divin, ce qui donne forme à l'Univers. »

Un peu plus tard, la journaliste Ama Hilde Brostrom avait décidé d'en faire un livre[1]. Elle avait eu recours à ce type d'échange avec le garçonnet :

Ama – Pourquoi le Soleil est-il si important ?

Flavio – Parce que c'est le représentant de Dieu, le représentant du Noyau.

Ama – Tu n'aimes pas le mot Dieu ?

Flavio – C'est un mot qu'utilisent les religions…

Ama – Comment est-ce que l'homme peut se relier au Noyau ?

Flavio – Le chakra du plexus solaire est la Source, et le chakra coronal est le Noyau.

---

1. Flavio Cabobianco, *Je viens du Soleil,* Auréas, 2003.

Ama – Peut-on dire qu'entre l'homme et la Source existe un canal d'énergie formé par les chakras supérieurs ?

Flavio – Pas exactement, mais tu te rapproches.

Ama – Chaque être humain est relié par un fil à la Source ?

Flavio – En réalité, il y a deux ou trois fils : un qui relie le corps et l'autre qui relie l'âme. Quand on meurt, le fil du corps se rompt, mais le fil de l'âme est comme un élastique et il ne casse pas.

Ama – Parle-moi du noyau.

Flavio – Le Noyau nucléaire est loin, et il y a comme des miroirs en zigzags qui nous en font parvenir le reflet. Le Noyau est en toutes choses.

Le Soleil central est le Noyau nucléaire central, le Noyau nucléaire de l'âme… Tu peux donner des centaines, des milliers de noms au Noyau ; tout dépend du sens que tu donnes à ce nom.

Ces *mémoires prénatales* furent ainsi remises en forme par cette journaliste et publiées en 1991[1].

À huit ans, Flavio ajouta : « Quand j'écrivis *Je viens du Soleil*, j'étais très petit et je connaissais peu de mots. Je dois apporter quelques éclaircissements sur le fait qu'il ne s'agit pas du Soleil physique, mais du Soleil spirituel. Avant ma venue sur la Terre, je séjournai dans cette source

---

1. *Ibidem*. L'e-book a été publié par l'association Be Light Éditions : www.bledition.org, 1991. Ce livre a vu le jour grâce au travail de mise en forme effectué par la journaliste Ama Hilde Brostrom. Elle s'est basée sur des notes prises par les parents de Flavio – Alba Zuccoli et Omar Nestor Cabobianco – , sur des dessins précis sur lesquels Flavio a organisé les niveaux de l'univers, et sur de « petits livres » où il groupait ses matériaux.

de lumière, afin de pouvoir pénétrer dans le plan physique. »

Dans cet ouvrage, la note de l'éditeur précisait :

« La vision cosmogonique que Flavio énonça durant ses sept premières années conserve toute sa richesse et son actualité. Au fur et à mesure que le temps passe, cette mémoire qui précède la naissance et cette connaissance exposée par lui, encore enfant, trouvent de nombreux points communs avec les postulats de chercheurs internationaux des plus sérieux. L'un d'entre eux, le Dr Joseph Chilton Pearce, professeur à l'université de New York, a préfacé l'édition en anglais.

Cette édition sera tirée à plusieurs millions d'exemplaires et traduite en plusieurs langues, notamment en français par le morphopsychologue Jean Spinetta. »

Chapitre 2

« Tous les enfants qui naissent maintenant et aussi tous les adultes qui suivent un processus de transformation ont une connexion ouverte avec la lumière », avait précisé Flavio à l'âge de huit ans.

Cette connexion avec la lumière ne semble plus si extravagante aujourd'hui. C'est elle que tous les *experiencers* apercevaient ; elle qui avait nourri de nombreux ouvrages plus ou moins scientifiques. Notamment le livre singulier d'Arkady Petrov, la trilogie de la *Création de l'Univers*, que j'évoquerai un peu plus loin.

Pour l'heure, si l'on n'était pas convaincu, il suffisait de repenser au professeur Pagliaro lorsqu'il méditait pour apporter du bien-être à son patient isolé dans une autre pièce. L'appareil super-sophistiqué avait capté des biophotons créant ce curieux halo qui lui cachait la moitié du visage, pendant qu'il *matérialisait*, en quelque sorte, cette pensée bienveillante qu'on pouvait aussi appeler *conscience d'Amour*.

Il y avait bien un rapport entre la lumière et le vivant, entre la lumière et l'Amour. Nul ne pouvait plus le contester.

Mais ce qui frappait, c'est que cette fameuse *source lumineuse* pouvait apparaître aussi clairement à un enfant de cet âge, comme *une énergie de transformation* !

Peut-être faut-il ici rappeler que chacun d'entre nous chemine à sa propre vitesse, selon *qui il est dans l'instant* avec son niveau de conscience, chacun portant une signature mentale, physique, psychique et spirituelle différente. Il est donc naturel que tout le monde ne se sente pas concerné.

Il n'empêche que c'est ainsi que Flavio, si jeune, avait perçu que seuls certains adultes suivaient un processus de transformation.

Alors que j'atteins l'immeuble de ma fille, appuyant sur la sonnette, le livre de Gitta Mallasz, *Dialogues avec l'ange*[1], s'interpose dans ma mémoire.

L'ange y disait : « La sphère [il parlait de la sphère de Lumière dans laquelle il se trouvait] est plus lourde que le globe terrestre… mais l'ENFANT joue avec elle parce qu'il est fait de la même matière : de Lumière.

Le mot "ENFANT" est employé dans une acception qui m'échappe complètement. Je ne comprends rien à ces paroles et je demande bêtement :

On peut jouer avec cette sphère ?

Le petit ENFANT joue. Devenu adulte, il crée. »

---

1. Gitta Mallasz, *Dialogues avec l'ange*, Aubier, 1990, p. 27.

Cette réminiscence me ramène à Flavio qui, âgé de huit ans, avait ajouté :

« Des enfants d'un nouveau type sont en train de naître. Ce sont des humains différents, bien que rien ne le laisse supposer. Je suis seulement l'un d'eux, un des premiers. L'humanité est en train de changer. La connexion avec le monde spirituel est plus ouverte. Tous les enfants peuvent à présent se maintenir unis à cette source spirituelle, à leur essence. »

— Je t'ouvre ! dit une voix difficilement reconnaissable dans l'interphone.

La porte s'écarte offrant quatre étages à monter. Les marches craquent régulièrement, tandis que Flavio habite mes pensées :

« Les bébés pleurent parce que vivre sur cette planète est très difficile. Un bébé essaie de s'exprimer par voie télépathique, mais cela ne fonctionne pas parce que tout est beaucoup trop dense ici-bas. Il voit tout, le mauvais et le bon, le vrai et le faux. »

Mon oreille se tend instinctivement, guettant la présence du nouveau-né. Seul le silence répond, rythmé par mes pas sur le bois. Mon souffle se raccourcit. L'odeur de cire se mêle aux souvenirs :

Tout est beaucoup trop dense ici-bas... flotte dans l'escalier.

Comment Flavio pouvait-il savoir que la densité des fréquences terrestres était beaucoup plus basse que celles d'où il provenait ?

Les précisions de Rollin me reviennent en mémoire, regonflant l'air dans mes poumons :

— Ce qui est frappant, c'est que la fréquence de ces vibrations est identique à celle de nos rythmes cardiaques, surtout lorsque ceux-ci sont naturellement cohérents, c'est-à-dire quand nous éprouvons sincèrement des sentiments comme l'amour, la compassion, l'appréciation de quelque chose. Notre système de fonctionnement cœur-cerveau-communication entre alors naturellement dans la fréquence 0,1 hertz qui équivaut exactement à l'une des premières basses fréquences du champ magnétique terrestre...

Il avait même ajouté que la ligne de résonance de ce champ était encore plus forte en ondes magnétiques et que cela devait sûrement signifier quelque chose...

Flavio, ce petit bonhomme, décidément me fait penser au *Petit Prince* ! Et je ne suis pas la seule, apparemment. Un jour où quelqu'un lui en faisait la remarque, il avait répondu :

— Je ne pourrai jamais écrire une fin aussi tragique et belle que celle du *Petit Prince*. Flavito était vivant et n'était pas un petit prince. Tous deux étaient tombés d'une étoile. Ils se rencontrèrent un jour au Sahara et se mirent à jouer de la basse parce que le renard était enrhumé et avait mal à la tête.

Une sirène de police passe dans la rue et me serre les tympans, déclenchant une fureur que j'ai du mal à éteindre. Peine perdue. J'essaie de désamorcer cette rage par quelques respirations contrôlées. Puis, sur le palier de l'avant-dernier étage, tout reprend sa place. Colère inutile car, intérieurement, les facultés de Flavio continuent de m'interroger :

Le nouveau-né est terrorisé par son emprisonnement dans la réalité physique, avait-il fait remarquer. Il regrette l'unité essentielle d'où il vient, si bien qu'il s'unit rapidement aux personnes qui s'occupent de lui. Son rapport avec l'Être Suprême est transféré à ses parents.

Les enfants choisissent-ils leurs parents ? La question me traverse, tandis que je franchis les dernières marches.

Difficile à admettre ! Pourtant cette intime conviction flotte quelque part en moi depuis que je suis devenue mère...

Le son initial que perçoivent les premières cellules de l'embryon, c'est celui du cœur de sa mère, avait précisé Carlo... Cette curieuse résonance avait même un lien avec la formation du milieu dans lequel le futur bébé allait se développer...

Et Biava n'avait-il pas dit que les substances produites dans le dialogue entre la mère et son embryon (juste avant la division cellulaire) possédaient précisément les instructions qui permettaient d'engendrer la différenciation des cellules souches, mutantes ou détériorées au sein de l'embryon ? Oui, mais tout ceci ne prouvait rien...

Pourtant, voilà que des éléments semblent se mettre en place :

« La vie existe car la biologie a appris comment attirer et autoréguler une charge électrique », avait précisé le scientifique Dan Winter[1].

1. Dan Winter, *Conscious kids*, recueil de textes édités par Implosion Group.

Cette *charge électrique*, c'est de la lumière, me dis-je, sentant monter l'excitation. Flavio parlait de sa connexion avec la lumière... D'un simple écho, d'une résonance infinitésimale, voici que se crée un système organisé vivant... du cœur de la mère, au cœur de l'enfant !

Et ce chercheur avait ajouté :

« La biologie existe parce qu'une charge électrique a appris une manière de se compresser en devenant auto-organisée... »

S'il avait raison, l'idée était simple et renversante ! Elle provoque une joie, un tressaillement dans tout le corps. Voilà pourquoi les enfants obligeaient en quelque sorte les parents à *devenir eux-mêmes*, en les reliant à leur cœur, et par lui à leur âme, leur Source, cette *vérité supérieure* (divine ou universelle, selon la sensibilité de chacun) ! Ils les guidaient vers leur *Être*, vers qui ils étaient vraiment...

En si peu de mots, toute la chaîne biologique de la transmission me semble enfin apparaître !

C'est ainsi que la Nature nous imposerait alors une sorte de *contrôle des naissances*...

Dans le cas où les parents croient seulement au monde matériel, avait également noté Flavio, ils vont l'emprisonner chaque fois davantage dans le plan physique. En lui apprenant à parler, ils limitent sa pensée. En grandissant, les enfants vont perdre la connexion avec leur origine.

Et il alla même jusqu'à donner des conseils aux parents :

« Pour aider les petits, il faut aider les grands. Si les parents sont ouverts, ils vont s'occuper de leurs enfants sans leur imposer leurs propres idées, leur vision du monde ; le principal est de leur donner de l'espace, de leur donner du temps, de les laisser penser, de les laisser s'exprimer. Il est important de leur parler de Dieu, mais en les laissant libres de trouver leur vérité. »

Plus tard, Flavio était revenu sur le mot Dieu : « Aujourd'hui, je ne dirais pas Dieu, je chercherais un terme plus poétique. »

Sur le palier du quatrième étage, ma fille m'attend, rayonnante, son bébé dans les bras. Un nouveau chapitre commence…

« Il s'agit de faire que l'éducation ne les étouffe pas, que son but puisse être de développer chez l'enfant la conscience du monde physique qu'il est venu expérimenter, tout en maintenant son lien avec le monde spirituel d'où il vient », avait précisé Jean Spinetta en 1991.

Chapitre 3

Bruxelles, fin mai 2020…

Ce matin, je me suis encore réveillée avec des mots de l'ange :

« Imagine une feuille blanche. Les réponses vont s'y inscrire. C'est l'intensité de tes questions qui les fera naître[1]. »

Rien ne m'a semblé plus vrai. Et pourtant, difficile à expliquer… Était-ce à force de vivre dans cette conscience inhabituelle ? La *nouvelle disquette* qu'elle avait créée distillait des intuitions comme des mantras. Parfois, sous forme de questions. Celles-ci possédaient une charge électrique qui se transformait peu à peu, laissant place à une autre force, quelque chose qui venait d'ailleurs, dépassait tout et provoquait un lâcher-prise…

On aurait pu parler d'impulsion divine ou cosmique. Et la réponse surgissait généralement à l'improviste, une fulgurance venue d'ailleurs...

Les mots d'Ervin sont réapparus : *Tout dans la Nature est in-formation* (au sens *: qui crée une*

---

1. Gitta Mallasz, *op. cit.*

forme). C'est un code comme un numéro d'appel sur un téléphone, un branchement subtil qui matérialise une information surgissant de l'univers quantique.

Le *monde spirituel*, pour les croyants…

Aussitôt, un processus s'est dessiné : chaque fois qu'un questionnement sincère sur le *Sens* profond de quelque chose a lieu, il déclenche une attention particulière qui mobilise le corps entier et non plus seulement le mental. Cette concentration intense provoque une charge d'énergie que les croyants nomment *prière*, et d'autres, *méditation*, *quête*, ou que sais-je… Persévérer ensuite devient une singularité : l'empreinte personnelle entière, répétitive. Et la ferveur engagée engendre une pleine confiance dont la conséquence est un lâcher-prise…

C'est alors que surgit la réponse. Souvent inattendue comme mentionnée plus haut…

Un peu plus tard sous la douche, une autre remarque de l'ange m'est apparue : « Tu es une enfant toi-même. Où est le problème ? Le voile qui te sépare, c'est le "connu". »

C'est la *matière*, ai-je pensé, tandis que l'eau s'écoulait sur mon corps. Ce que je vois, ce que j'entends ou nomme, crée. C'est ainsi pour toutes nos pensées, surtout lorsqu'elles passent par le cœur, ces croyances ont alors une influence directe sur nos cellules, comme en cet instant où je les sens vibrer ensemble, unies à cette Source qui m'apporte cette joie sans raison.

Et j'ai revu l'improvisation de jazz de Milford Graves, où les cellules de son cœur s'ajustaient aux rythmes de son tambour en créant leur propre composition.

Alors, une gratitude s'est élevée des pieds à la tête.

Puis Bruce est apparu, suivi de Carlo, Rollin, Ervin et tous ceux qui avaient cherché à le démontrer. Et je me suis dit que ma vie entière serait désormais consacrée à approfondir ce thème, comme les cellules du cœur de ces gens-là.

Soudain, quelque chose a stoppé mon élan : il y en a tant qui refusent encore d'y croire ! Ça prendrait sûrement beaucoup de temps !

Mais était-ce si grave ?

Je me suis séchée avec la serviette, chassant cette idée. Une seule certitude : cette intuition profonde est un trésor qui attendait son heure.

Puis, je me suis habillée avec soin. Dans deux heures, ma petite famille serait là avec *Gabrielle*.

Depuis son arrivée au monde, cette petite fille diffuse et reçoit un amour tout neuf dont l'intensité ne cesse de poser question – je devrais dire : de m'illuminer. Sa pensée ne me quitte pas. Elle m'inonde de milliers de courants électriques sous la peau.

Si un jour je pouvais être son guide, elle est déjà le ciel…

Le plus beau futur, dans mon présent éternel.

Désormais, lorsque ses yeux immenses, accrochés ailleurs dans son visage ciselé, laisseront couler des pleurs, je repenserai à Flavio :

« Le nouveau-né est terrorisé par son emprisonnement dans la réalité physique. Il regrette l'unité essentielle d'où il vient… »

Chapitre 4

Bruxelles, le lendemain…

Martine, l'une des héroïnes du documentaire dont j'ai parlé précédemment, m'a prêté son appartement, à quelques encablures de mes filles. Elle est bientôt de retour.

— Maintenant, ce sera la règle dans ce nouveau monde, m'avait-elle dit l'air réjoui, avant de partir, comme si tout était déjà là.

C'était il y a quelques jours.

Et effectivement tout est là, pour ceux qui veulent bien le voir : les prêts, les partages, les échanges et dons en tous genres sont désormais la norme. Malgré la distance imposée, jamais nous n'aurons été aussi proches.

Le virus a produit ce miracle. Du moins, c'est ainsi que nous voulons le voir, en dépit de la maladie et des morts par milliers…

L'appartement est clair comme sa personne, de grandes pièces blanches baignées de lumière. On s'y sent bien. Elle devrait arriver dans une heure…

Mais cette attente disparaît soudain, avalée par une information qui absorbe d'un coup toute mon attention.

Un mail de Paul me recommande un site russe qui, dit-il, devrait m'intéresser pour mes recherches.

Sur la page d'accueil, je découvre une jeune femme à la beauté douce prénommée Aliona. Elle est en train de parler d'une lumière qui pénètre dans l'âme des hommes et qui en ressort par l'esprit sous forme *d'hyper-conscience*.

Des picotements s'éveillent…

C'est elle qui semble chargée de montrer le chemin. Elle précise n'avoir aucune crainte que cette connaissance ne tombe en de mauvaises mains.

Les fourmillements se transforment en alerte. Mon ancien disque dur repasse au premier plan : où sommes-nous, là ?

— Quand une personne est sous l'effet d'une si forte impulsion, explique-t-elle avec candeur, je dirais qu'elle se purifie et s'illumine !

De telles personnes se reconnaissent de loin par leur regard !

Bien sûr, il s'agit d'un travail colossal et complexe, mais qui reste l'œuvre de deux personnes : ceux qui demandent de l'aide et ceux qui vont l'aider, en l'occurrence, la personne douée de *clairvoyance*.

Que veut-elle dire ?

Est-ce une provocation de Paul pour mettre à l'épreuve mon discernement ?

À cet instant, le plan s'écarte, laissant apparaître un homme au large front et aux yeux prêts à rire[1], parlant en russe avec bienveillance. Une voix féminine mélodieuse traduit ses propos au fur et à mesure, captant l'auditoire.

L'homme décrit un phénomène singulier : la régénération des organes. La précision de son langage force l'attention :

— Au départ, l'impulsion *(du clairvoyant)* est dirigée vers la zone des chromosomes responsables d'un organe en particulier.

Prenons l'exemple d'un organe manquant, un rein par exemple, il se trouve dans l'information génétique, il fait partie de l'organisme. Il est dans l'ADN. Donc si l'on prend cette partie et qu'on y dirige une impulsion de cette *lumière qui est d'une autre nature*, différente des champs électromagnétiques ordinaires, on voit apparaître l'hologramme[2] de l'organe manquant.

Pour les néophytes comme moi, un hologramme est une image en relief à trois dimensions faite à partir d'une lumière comme le rayon laser. Mais en l'occurrence, il s'agit d'une autre lumière…

De la lumière spirituelle dont parlait Flavio ?

Ou d'une autre énergie qui ferait apparaître la forme spectrale d'un corps ?

---

1. Arkady Petrov est le fondateur de l'enseignement «L'arbre de vie» qui fait appel aux capacités de gestion mentale de l'organisme pour guérir, restaurer et régénérer. Il est aussi l'auteur de la trilogie *Création de l'Univers*, Saint-Germain-Morya, 2017-2018.

2. Dan Winter, *op. cit.* : « *A hologram is a 3 dimensional – not flat – picture made out of only coherent light* ». [Un hologramme est une image en relief, en trois dimensions, qui ne peut être produite qu'à partir d'une lumière cohérente (comme le rayon laser)].

Ce terrain me serait moins étranger si je me référais à l'explication d'Ervin sur notre rapport holographique à l'univers[1]:

« Si j'essaie de penser "holistiquement", avait-il proposé, je dirais que nous sommes nés dans un univers où chaque information répandue dans cet univers est un hologramme, c'est-à-dire que chaque élément de l'information contient la totalité de l'univers. Elle est perçue dans chaque cellule de notre corps. »

Il y avait donc bien quelque chose comme une sorte d'instruction cosmique globale sur laquelle étaient branchées nos cellules…

Pas le temps d'y réfléchir vraiment, car la suite allait tout clarifier. Étais-je finalement sous l'influence de cette suave Aliona ? Je voyais le clairvoyant à l'œuvre, dessinant une sorte de rayon laser avec sa conscience, cette ligne de photons identifiés par la super-caméra du professeur Pagliaro en méditation, remplis de cet Amour venu du fond de l'espace qui le traversait…

Pendant ce temps-là, l'homme, Arkady Petrov en personne, poursuivait sa pensée.

— C'est-à-dire que l'impulsion déclenche la dynamique de ce processus au sein de l'ADN. Et l'ADN commence alors à contrôler le processus, d'abord comme une image qui doit être ensuite construite par les cellules, parfois cela se passe même tout de suite, en fonction de la force et des pouvoirs extrasensoriels de la personne. Alors, soit la création a lieu à partir de rien, soit les cellules sont générées à partir de la colonne vertébrale ou d'autres os et sont transférées, téléportées.

---

1. *Va par où tu ne sais pas*, op. cit.

Après quoi les cellules s'organisent en une séquence spécifique sous une forme circulaire l'une après l'autre, selon un code précis, 1, 3, 5, 8... et c'est là que ces *impulsions* entrent en jeu.

Par ce mot *d'impulsions*, il veut sans doute parler d'une force, d'une pression exercée par le clairvoyant et dirigée sur cet élément...

— Immédiatement après que les cellules souches se sont organisées, ajoute-t-il, on doit établir leur différenciation. Elles doivent recevoir une spécialisation, car chaque cellule a une tâche spécifique. Elle exerce une fonction précise dans l'organisme.

Ici, chaque cellule a sa propre spécialité et on doit donner cette information au niveau nucléaire de la cellule. C'est ça, le travail de la *personne extrasensorielle*.

Et ce n'est qu'après cette différenciation de la tâche de chaque cellule que l'impulsion peut être donnée pour la division cellulaire. Chaque cellule identifiée donnera naissance à une nouvelle cellule.

Surprise ! Cette explication éveille le souvenir récent de la découverte du professeur Biava, ce seuil magique où la Nature lance ou reconstruit le cycle de vie des cellules !

Sans utiliser de clairvoyants, Biava avait bien démontré qu'il était possible de prélever les protéines obtenues à partir de cellules embryonnaires de poissons-zèbres juste avant l'organogenèse pour les inoculer à des cellules humaines dysfonctionnantes et les reprogrammer en cellules saines...

La science découvrait-elle à l'aide de techniques sophistiquées des fonctions biologiques que les capacités extrasensorielles de certains êtres humains étaient capables de générer ?

Aux dires de ces chercheurs, des êtres aux capacités extrasensorielles pouvaient en effet émettre des impulsions provenant de cette *lumière* d'un autre ordre, qui n'appartenait pas aux champs électromagnétiques…

Alors la même question revient : s'agit-il de ce que les croyants appelaient *lumière spirituelle* ?

À Nijninovgorod, en automne 2004, un autre regard scientifique, celui de Piotr Pietrovitch Gariaef[1] s'était penché sur cette question.

Parlant à son tour de la régénération des organes et des tissus, il avait expliqué les choses ainsi :

— Une sorte de *programme mental* se met en place chez la personne concernée, consistant en une corrélation de protéines qui représentent un système d'activation de processus biochimiques complexes. Ceux-ci se réalisent sous forme holographique, à travers des mécanismes quantiques, des mécanismes de vidange, etc.

Là, de nouveau une autre pensée s'immisce. Parlait-il de ces fameux *neuropeptides* qui marquaient en quelque sorte la frontière entre l'énergie et la matière, lorsque nous émettions une idée ou une intention ?

Le professeur Deepak Chopra en avait conclu que toutes nos pensées surgissaient d'une *dimension* qui *savait* tout simplement *comment*

---

1. Piotr Pietrovitch Gariaef est le créateur de la génétique ondulatoire. Il est docteur en sciences biologiques et membre de l'académie des Sciences naturelles.

organiser la matière et l'intelligence, l'esprit et la forme.

— Si vous coupez une feuille d'arbre par exemple, poursuivait le chercheur, une feuille de bouleau ; cette partie coupée ne va probablement pas apparaître sur une image ordinaire. Mais si vous avez correctement sélectionné les paramètres, vous verrez la feuille entière, y compris la partie coupée, comme un fantôme qui apparaît. La partie manquante de la feuille existe sous une autre forme. C'est comme une personne qui a perdu un bras, à la suite d'un accident ou d'une intervention : on dit qu'elle a des douleurs fantômes.

Le scientifique avait alors brandi une image peu claire. On y voyait une sorte de courbe ressemblant à une tête de canard de couleur orangée.

— L'information sur cette image est essentielle. Ce que vous voyez ici, (il désigne alors une sorte de queue à l'extrémité de la courbe, avec au centre une petite lumière blanche) en bas, c'est une éprouvette avec des molécules d'ADN. Une préparation d'ADN qu'on a stimulé en utilisant des champs physiques.

Ce qui s'est produit tient du miracle ! s'était-il écrié.

C'est une éprouvette en plastique épais, fermée hermétiquement. Exposée à une variété de champs électromagnétiques, une partie de l'ADN qu'elle contient se détache. Le temps d'exposition de la photo, c'est-à-dire environ deux secondes, cet extrait se met à faire ces sauts et ces ronds qu'on voit ici (on voyait effectivement des courbes suggérant la tête d'un canard).

Ce sont des trajectoires, des pistes de son passage. Voilà le déplacement qu'il a eu le temps de faire en deux secondes.

Le miracle se fait encore un peu attendre...

— Et si l'on éteint ensuite l'appareil qui cause cette agitation moléculaire, reprit le chercheur, on se retrouve dans l'obscurité totale et qu'est-ce qu'on remarque ?

Le fantôme continue d'apparaître ici.

Le scientifique avait alors brandi une photo où l'on apercevait le même canard juste un peu plus flou.

— Regardez, cette image fantomatique a persisté pendant plusieurs minutes, peut-être même plusieurs heures, on l'ignore... Qu'est ce qui l'a engendrée ?

Un temps de silence s'était infiltré, portant le suspense à son comble...

Mais la conclusion n'avait pris que quelques secondes :

— L'être humain agit avec son cerveau qui est un émetteur de champs électromagnétiques au spectre très large, avait-il fait remarquer. On l'a reconstitué avec notre appareil. Le cerveau peut provoquer cette séparation de structure informatique qui normalement se déplace entre les cellules et effectue la programmation mutuelle entre ces cellules.

Et au moment du processus de l'embryogenèse, ou de la régénération – qu'on appelle *la morphogenèse post-embryonnaire* – c'est là qu'a lieu précisément la restauration des tissus organiques. Pourquoi ?

Tout simplement parce qu'un tel programme est déjà présent dans l'être humain !

Si j'avais bien compris, nous existions bel et bien sous forme d'*hologramme*, avant d'être *matière*...

Je ne pus m'empêcher de penser à la Résurrection du Christ. Marie-Madeleine le rencontrant trois jours après sa mort et entendant ces mots : « *Noli me tangere*[1] », *Ne me touche pas !* (ou dans certaines interprétations : *Ne me retiens pas !*).

1. Traduction latine des paroles prononcées par Jésus le Ressuscité, le jour de Pâques dans l'Évangile de saint Jean.

Chapitre 5

Martine est enfin là. Joyeuse comme toujours, décrivant ses projets innombrables. Elle porte un vent frais, nourrissant et désaltérant. *Thanatos*, le documentaire où elle témoigne parmi les autres, est un vrai succès. Plusieurs milliers de personnes l'ont vu et sont bouleversées. Et ce n'est qu'un début, car il circule dans toute la France, commençant à atteindre les gens hors des frontières.

Elle veut monter une association pour donner des conférences sur « ces sujets qui sont devenus primordiaux avec ce virus », dit-elle. Ce sera à l'automne prochain.

— Il faut mêler la science aux témoignages de ces *experiencers* et de tous ceux qui ont des capacités extrasensorielles pour les crédibiliser ! s'écrie-t-elle, les temps sont mûrs !

Son enthousiasme éveille le mien. Cela ne peut pas mieux tomber. J'essaie de lui décrire en peu de mots la diversité et le contenu de mes rencontres avec les scientifiques qui entrent précisément dans son projet.

Comme elle m'écoute avec bienveillance, nos souvenirs communs me reviennent…

Depuis le début je l'avais senti : notre rencontre avait été décidée *là-haut*.

Nous nous étions serrées l'une l'autre sans nous connaître, unies par l'amour du père Brune[1], ce prêtre qui allait quitter ce monde trois jours plus tard.

*
* *

Paris, le 3 janvier 2020…

Depuis quelques semaines, il était là, dans ma tête, plusieurs fois par jour. Un éclair par-ci par-là, ses traits ronds comme l'enfance, ses lunettes, son sourire malicieux, sa bouteille de whisky. Était-il encore de ce monde ? Mon cœur le sentait. Son téléphone ne répondait plus, ni son mail. La dernière fois, il m'avait dit :

— Je m'effiloche…

Il attendait Celui qu'il aime depuis toujours, Celui auquel il avait donné toute sa vie, qui lui avait fait prendre ce corps, ces parents-là, ces frères et sœurs, ces amis. Celui qui lui inspirait ses livres, ses prières, ce savoir remarquable, ces langues étrangères. Celui qui l'avait fait rire beaucoup et lui avait donné du fil à retordre aussi.

1. Prêtre catholique devenu prêtre orthodoxe, il est l'auteur de nombreux ouvrages de théologie et de spiritualité, notamment du livre *À l'écoute de l'au-delà* (J'ai lu, 2013).

Il voulait tant Le rejoindre…

Le samedi suivant, à l'improviste, j'avais pris le bus pour aller vers lui. Une petite appréhension au moment de partir : dans quel état est-il ? Un mantra m'était venu. *Seigneur, donne-moi Ta Lumière, Ta Conscience et Ton Amour*. Il m'était entré dans la tête et ne m'avait plus quittée jusqu'à la station Lecourbe, puis jusqu'à la maison médicale Jeanne-Garnier.

Je n'avais su qu'hier où il se trouvait. C'est Jean-Michel, son ami et éditeur, qui m'avait écrit : « Bonjour Laurence, François est hospitalisé dans un centre de soins palliatifs… Il espère quitter ce monde rapidement et ses forces diminuent…

C'est triste pour nous mais joyeux pour lui. J'aimerais avoir sa foi ! »

Le bus était presque vide. C'était un samedi des Gilets jaunes. Un samedi de colère et de fraternité, de foules et de rues désertes, de confusion et de paix, aux limites du cœur et de la raison. Un coup d'arrêt. Personne ne savait ce qui allait advenir. Cette béance faisait du bien. Elle replaçait les choses dans le bon ordre. On aurait dit qu'il l'avait fait exprès. Sa présence, là, à ce moment précis, en disait long sur ce qui se préparait. C'était une lumière sur le chemin. Une lumière que nous porterions tous bientôt…

Personne non plus dans les couloirs de Jeanne-Garnier, îlot des dernières heures où régnaient un calme bienveillant, des infirmières radieuses et la beauté de quelques arbres et brins d'herbe.

Chambre 226, en haut de l'escalier. Je sentais sa présence, portée par le mantra, nettoyée par lui. Pour lui, je voulais être transparente, joyeuse, lumineuse. Ne pas le polluer. Lui laisser la plus haute partie de moi-même.

Par la lucarne, j'aperçus un homme et une femme à côté du lit. Je préférai attendre dehors. Ils sortirent presque aussitôt.

— Il vous attend !

Comment le savait-il ? Je n'avais pas pu le contacter...

— Vous êtes Laurence ? Oui. Il vous attend, allez-y !

Il avait senti ma venue. Je n'aurais pas dû m'en étonner, mais cela me fit chaud au cœur.

Je m'avançai vers son lit. Avec sa barbe blanche et sa maigreur récente, il ressemblait à ces patriarches orthodoxes qu'il aimait tant et venait de rejoindre[1], à ces icônes qu'il avait si bien radiographiées dans ses livres[2]. Sa jambe dénudée, repliée sur le côté, ne faisait déjà plus partie de lui. Un petit drap recouvrait sa nudité.

— Ah oui, c'est bien toi ! dit-il après quelques secondes.

Sa main était accrochée à la barre qui pendait devant lui. Ses yeux avaient gardé cette étincelle qui ouvrait toutes les portes, mais là, on aurait dit qu'elle s'était agrandie, qu'elle lui mangeait le visage et tout le reste. Ses doigts

1. Le père Brune était devenu prêtre orthodoxe depuis quelques mois.

2. Père François Brune, *La Théologie des icones*, 3 volumes, Le Temps présent, 2015.

recroquevillés dans mes mains, je les embrassai. Ils étaient tièdes.

— J'ai les mains froides, pardon !

Je n'arrivai pas à empêcher des larmes stupides.

— Excuse-moi ! Je ne devrais pas, lui dis-je, après ce qu'on a vécu... Mais c'est de joie ne t'inquiète pas !

Il savait et souriait.

Je le remerciai pour tout ce qu'il avait donné au monde et à tous ceux qui l'avaient connu, pour l'Amour qu'il nous avait transmis, qu'il avait incarné et propagé dans ses livres, pour nous avoir tant rapprochés du Seigneur, pour sa vie extraordinaire qui avait réuni les vivants et les morts, pour son courage sans faille, pour son exemple et sa foi contagieuse.

Il m'écoutait avec son sourire, en hochant la tête. Il y avait toujours quelque chose de concret entre nous. Quelque chose qui empêchait la dramatisation et l'excès, quelque chose qui remettait l'instant dans sa légèreté, dans son quotidien, l'inscrivant pour toujours.

Je lui rappelai tous nos souvenirs, au Mexique, en Italie, à Grosseto avec Marcello Bacci et les voix de *l'au-delà*[1].

Il se souvenait parfaitement :

— Oh oui, c'était pas gagné ! dit-il, évoquant ces heures de suspense où nous pensions qu'il n'allait rien se passer, que nous avions dépensé des fortunes pour rien, que notre crédibilité allait s'en trouver perdue à jamais...

---

1. Tous ces témoignages sont dans le livre *Va par où tu ne sais pas*, *op. cit.*

Je lui rappelai aussi comme on avait bien ri. Son sourire s'agrandit, il hocha la tête, prêt à rire de nouveau.

— Es-tu heureux ?

— Oh oui, si tu savais ! me dit-il. Je n'en ai plus que pour deux ou trois jours... Ce sera le plus beau jour de ma vie !

Cette certitude le fit rayonner. Il se préparait comme un enfant, avec la même joie, la même assurance, la même confiance.

Elle me rappela un autre épisode gravé dans ma mémoire, pour toujours...

Chapitre 6

Bayonne, avril 2010…

C'était quelques heures avant le *grand départ* de ma mère. Je la revoyais radieuse, disant aux infirmières :

— Demain, je ne serai plus là, merci pour tout ce que vous avez fait pour moi !

Leur indignation :

— Mais pourquoi vous dites une chose pareille ! Vous êtes en pleine forme ! Et votre petit coup de rouge, madame C. ! Le bon Dieu ne veut pas encore de vous !

Lorsqu'elles furent sorties de la chambre, ma mère s'était tournée vers moi, puis vers le plafond.

— Tu vois ce beau visage ?

— Oui, bien sûr ! avais-je menti.

— Tu sais qui c'est ? On dirait un prêtre…

— Non, je ne le connais pas.

— Moi non plus. Il a l'air gentil.

Elle le voyait réellement, je le sentais. Elle savait que je ne la contredirais pas, car elle n'ignorait rien de mon expérience chamanique de 1996. Elle se souvenait sans doute du lendemain de ce jour où je l'avais appelée pour lui dire que la mort n'existait pas.

Elle avait souri, car elle avait traversé tant de guerres qu'elle savait tout sur ce passage d'un état à l'autre. Alors que, naïvement, je venais de le découvrir à travers cette *décorporation* et voulais le lui offrir comme un cadeau.

Elle avait aussi entendu notre aventure à l'écoute des *voix de l'au-delà* avec le père Brune et Ervin Laszlo.

J'aurais voulu convertir la Terre entière. À quoi bon ? Les femmes de cette trempe connaissaient instinctivement les lois de la Nature. Elles y avaient recours pour survivre et protéger leurs enfants. Elles nous avaient montré un chemin que nous avions quitté, au nom de la liberté.

À présent, elle était dans cette mystérieuse antichambre où deux mondes cohabitent.

C'était rassurant. Il y avait au moment de la mort quelque chose de réel à vivre dans ces deux mondes à la fois, quelque chose qui venait s'insérer dans le présent : cette autre réalité qui nous attendait, derrière celle de tous les jours.

Les mots de l'ange m'étaient revenus : « Le voile qui te sépare, c'est le "connu". »

Comme j'allais sortir de sa chambre pour y revenir le lendemain, elle m'avait regardé longuement et je compris que je n'allais plus la revoir.

Je gardai la main obstinément serrée sur la poignée, incapable de bouger. En me retournant une dernière fois, son visage d'ange me sourit et toutes mes résistances lâchèrent. Je voulus lui cacher mes larmes, mais elle avait tout vu, tout senti.

— Ah non ! Pas toi ! me dit-elle d'un air entendu, me rappelant mon témoignage.

Un peu plus tard dans la nuit, seule au volant de ma voiture, je m'étais livrée à l'inconnu sans souffrance, portée par l'amour de ma mère. Je voulais éviter d'y penser. La route serpentait le long des flancs de la montagne lorsque le téléphone sonna.

Il était vingt-deux heures trente. Une voix féminine me prévint, avec douceur et délicatesse :

— Votre mère vient de partir. Son cœur a cessé de battre.

— Elle n'a pas souffert ? demandai-je, emportée par une spirale de joie incompréhensible. Le flot d'énergie qu'envoie l'Amour à son paroxysme.

— Non, elle s'est endormie...

Ma mère me faisait, en quittant ce monde, le plus beau cadeau. Elle m'envoyait sous forme de tornade, d'onde gigantesque qui me plia en deux sur le volant, tout l'amour qu'elle avait incarné et manifesté dans sa vie et n'avait eu de cesse de distribuer autour d'elle.

Chapitre 7

Paris, le 3 janvier 2020…

Alors, devant François et son visage d'apôtre, devant nos souvenirs communs et celui de ma mère, je lâchai prise. Mes schémas de pensée s'envolèrent. Peu importe le respect immense que conférait sa prêtrise, lui aussi, il allait partir sans peur, dans cette même joie d'enfant.

Dans quelques heures, il ne serait plus là pour éclairer nos vies, pour leur donner les explications spirituelles dont elles étaient assoiffées. Nous ne pourrions plus évoquer ses bagarres contre cette « Sainte Église » qu'il avait tant voulu servir, ni notre joie commune de mettre *un peu de physique quantique dans les rouages des Saintes Écritures*.

Une vague me submergea. Je le voyais pour la dernière fois dans cette vie.

Intérieurement et physiquement, il incarnait l'image du Christ.

— Je t'aime, François, osai-je lui dire.
— Je t'aime, me répondit-il.
— Tu nous guideras, n'est ce pas ?

— Oui.

— Et tu viendras me chercher, quand ce sera mon heure ?

— Oui, je viendrai.

— Fais-moi signe quand tu seras là-haut…

Un dernier hochement de tête. Une libération. Tant d'énergie d'un coup, et cet Amour qui enveloppait tout !

Je ne voulais pas le quitter, mais il semblait fatigué. Paisible et attentif, toujours, comme à l'affût d'une dernière seconde, d'une dernière image.

L'instant exceptionnel s'était étiré pour se vider de lui-même, plein de ces informations qui ne nous quitteraient plus, rempliraient désormais nos secondes essentielles, quand nous aurions tout lâché de ce qui nous entoure, quand nous aurions abandonné ce désir de maîtriser qui nous enfermait, quand nous serions capables de laisser filtrer cette force supérieure qui nous guidait.

Un dernier baiser avant de refermer la porte, un dernier mot d'amour. Il me sourit encore et agita sa main.

Chapitre 8

Une fois la porte close, la femme qui m'avait accueillie et l'homme qui l'accompagnait, que je ne connaissais pas[1], me reçurent tous les deux dans leurs bras. Ce trio d'âmes créa un égrégore d'Amour, unis par des larmes de joie.

Puis Sébastien, par discrétion, s'éloigna. Mais il allait rester dans mon cœur, comme tous ceux qui composaient le petit groupe d'amis fidèles du père Brune, ces êtres venus de partout, assoiffés de cet Amour christique qu'il incarnait, le questionnant parfois, mais bien décidés à faire vivre sa présence, à transmettre son message.

Les yeux de Martine parlaient de ciel. Pas besoin de mots. Quand notre émotion s'atténua, quelques paroles furent dites. Elle me montra du doigt la chambre où sa fille l'avait quittée quelques années plus tôt. Était-ce un signe ? C'était la porte juste à côté de celle du père Brune.

1. Sébastien, fidèle du père Brune qui s'est occupé de lui et l'a accompagné jusqu'à sa mort…

Âgée de vingt-huit ans, sa fille laissait deux orphelins de trois et sept ans. Mais en dépit de ce drame, Martine avait gardé sa force.

Fallait-il donc passer par une telle souffrance pour manifester ce rayonnement ? Je ne savais pas comment l'on pouvait traverser cette épreuve, la pire de toutes pour un parent, et rester debout.

Alors elle me parla de son expérience. Très jeune, elle avait eu un accident de voiture avec son mari, peu après son mariage. Elle était enceinte. Durant le choc, elle avait eu une NDE. Ses mots rallumèrent mes propres souvenirs.

Arrivée *là-haut*, on lui avait dit que son mari l'attendait pour mourir, que leur enfant n'était plus. Elle avait alors choisi de revenir dans son corps pour assister à son *départ*. Lui tenir la main. L'accompagner de tout son amour.

Elle expliquait cela avec naturel, comme si ces choses faisaient partie de la vie au même titre que dormir, boire ou manger. Cette intrusion intime déclencha une onde fulgurante. Sa confiance me désarma. La petite fille qu'elle était restée me renvoyait celle que j'étais encore.

Nos cœurs se réunirent à cet instant précis, car par ce témoignage, Martine ne cherchait rien d'autre qu'à me consoler de la disparition prochaine de notre ami.

Récupérer en soi une douleur plus grande pour soulager celle de l'autre, quel remède plus généreux ? Son intuition l'avait guidée. C'était tout.

C'était énorme.

Nous nous étions assises dans l'un des canapés qui servaient à soulager les êtres en souffrance, un simple rectangle de velours grège entouré de fauteuils, dressé dans le couloir.

Cette expérience l'avait renforcée, me dit-elle. Plus tard, elle s'était remariée, avait eu une fille et un fils.

Mais de nouveau, le sort s'était acharné : sa fille chérie était tombée malade et n'allait pas survivre. Martine avait alors traversé l'épreuve avec un courage difficile à imaginer. Elle mit en pratique ce qu'elle avait appris *là-haut*, lors de sa NDE. Elle savait que la frontière entre la vie et la mort était une question d'état et qu'il existait un passage…

Depuis, elle communiquait avec sa fille. Celle-ci lui indiquait notamment ce qu'elle avait à faire pour ses fils. Et Martine assumait cette responsabilité comme toujours, avec tout son cœur.

Ce cœur qui décidément, faisait des miracles…

C'est ce témoignage qu'elle avait présenté dans le documentaire de Pierre Barnérias, où j'avais retrouvé le cardiologue Pim van Lommel, treize ans plus tard…

L'Amour de ce prêtre nous avait guidées l'une vers l'autre. C'était le cadeau que sa mort nous avait offert.

Le début d'une longue série…

Chapitre 9

Bruxelles, fin mai 2020…

Les jours passent et le présent s'installe, telle une parenthèse qui force à la vigilance, à l'affût du moindre courant d'air, du moindre signe informant le cours des choses. Chaque matin, de nouvelles directions se dessinent puis disparaissent. Il faut apprendre à les vivre sans inquiétude ni perturbation. Une autre peau pousse quelque part, sous celle de nos corps désorientés, un autre programme, fait d'autres gènes allumés ou éteints. C'est difficile, parfois suffoquant. Les médias s'accrochent aux *morceaux d'avant* pour les retisser sans conviction. La 5G se répand dans l'ombre, préparant sa prochaine attaque.

Connaissant sa nocivité sur les plantes, les animaux et les humains, nous essayons de la combattre par des livres, des pétitions, des sommations en tous genres qui n'ont que peu de chances d'aboutir. Mais qui ne s'engage pas aujourd'hui, a perdu la bataille. Tout échappe à tout le monde. Tout, sauf ce qui nous unit tous : cette matrice commune qui nous rend vivant parmi les vivants.

Martine a rassemblé un important groupe de femmes.

« Venez ! Essayons de nous tirer tous par le haut, toutes générations et genres confondus ! Tentons de créer cette synergie ! »

Et les voilà plongées dans toutes sortes de tâches urgentes qui vont de l'épluchage de multiples kilos de légumes pour les repas aux plus démunis, à la création de nouveaux modèles d'éducation et d'économie, comportant des guides et thérapeutes pour les êtres souffrants, bref, communiant à l'amitié, la vraie, celle qui n'a ni jugement sur autrui, ni frontière.

Et à l'initiative de gens comme elle, ici comme ailleurs à présent, des réseaux se tissent, encouragés par ces multiples armées du cœur qui opèrent dans l'ombre, rehaussant les fréquences. La contagion s'accomplit. L'espoir est là quelque part, caché derrière l'apparente lucidité des censeurs, attendant son heure.

Attention à trop d'optimisme ! prévient Paul au téléphone, lorsque je lui raconte toutes ces activités et projets. Il pense me protéger. Cette bienveillance me touche. Mais quand passera-t-elle par de vrais encouragements et sa participation active ?

Chapitre 10

Sud de la France, juin 2020…

Le soleil pointe ses rayons sur des traînées blanches à l'horizon. La peau du ciel s'éclaircit. Plus que quelques minutes avant qu'il ne s'embrase. Longeant la mer, des souvenirs me reviennent tels ces lambeaux de nuages dans le lointain.

Je repense aux radiations solaires évoquées par Rollin…

— Les études actuelles nous prouvent que tout cet océan d'énergies électromagnétiques dans lequel nous baignons, y compris les rayons cosmiques qui proviennent du système solaire, peut être aussi de l'énergie bénéfique pour nous, avait-il fait remarquer.

Il faudrait devenir responsable de notre propre énergie. Faire une sorte de *diète émotionnelle*. On a beaucoup plus de pouvoir si l'on s'autorégule…

Ce qu'il entendait par là ne s'apparentait pas à couper ses émotions, mais à les maîtriser. Il rejoignait en cela les sagesses anciennes et ce que Sri Aurobindo avait identifié en parlant des hommes mentalement développés qui, d'une manière ou d'une autre, à certains moments de leur existence et à certaines fins, devaient séparer les deux parties de leur mental qu'il distinguait :

— La partie active qui est une fabrique de pensées et la partie calme et maîtresse qui est à la fois Témoin et Volonté, qui observe, juge, rejette, élimine ou accepte les pensées, imposant les corrections et les changements.

Comme prévu, les légers mouvements d'air dissolvent les dernières nuées. À cette heure matinale, les plages vides ressemblent à des écrins que soulignent les eaux saphir. Des goélands peuplent leurs abords, petits îlots disséminés couleur de rivages. Certains battent l'espace à grands coups d'ailes. Ils s'éveillent. Je suis l'un d'entre eux. Ils sont nous.

Ah, si l'on pouvait apprendre à vivre à partir de cette dimension… mais je rêve !

Pas tant que cela, si l'on se référait à cette bande d'idéalistes…

Dans son propre langage, Rollin allait donner un autre accès à la description de Sri Aurobindo. Ce calme qu'évoquait le visionnaire indien pouvait se traduire par une sorte d'impassibilité qui existait en nous, si nous voulions bien la voir. Une fois repérée, on pouvait ensuite la pratiquer quotidiennement, tel un exercice physique. Il s'agissait d'un état neutre, comme celui d'une voiture à boîte de vitesses automatique.

Nous pouvions atteindre cette espèce d'antichambre en focalisant notre respiration sur le cœur et en l'emplissant de compassion pour nous-mêmes et pour les autres, comme nous le reverrons plus loin. Rejoindre cet état nous permettait de nous demander : qu'est-ce qui se passe ces derniers temps ? Qu'est-ce qui se déclenche en moi sur le plan personnel, professionnel, environnemental, global ? Car, partout où ce pouvoir de neutralité devenait bénéfique et préservait de l'énergie, il ouvrait en même temps de nouvelles perceptions. Et là où ces pensées provoquaient quelque chose, on pouvait prendre un peu de temps pour se concentrer sur cette respiration du cœur, afin de se désengager temporairement de ces jugements ou critiques personnelles, de ces pensées et sentiments, non pas pour les juger, mais juste pour reprendre le pouvoir sur eux.

Puis maintenir cet état jusqu'à se sentir réellement neutre. Se questionnant : et si ce n'était pas ce que je pensais ? S'il existait une perspective plus large que je n'aurais pas vue ? Et si je ne savais en réalité rien du tout ? Toutes ces questions posées au cœur ouvraient de nouvelles intuitions, précisément au beau milieu d'une projection. Il s'agissait peut-être d'une connaissance que nous avions déjà mais qui nous parvenait alors sous forme d'intuition. Cette attitude qui consistait à ne pas savoir maintenait cette neutralité nous obligeant à rester ouverts à une intelligence supérieure.

— C'est difficile au début, avait noté Rollin, mais on peut s'entraîner jusqu'à ce que cela devienne la norme. Il y a des techniques qu'il faut juste pratiquer. Elles augmentent notre cohérence, notre alignement oral et séquentiel avec notre cœur. Et cet état nous apporte une nouvelle voix intérieure et d'autres choix.

Il avait alors renchéri :

— Quand on n'écoute pas cette voix intérieure qui nous dit ce qu'il faudrait faire et qu'on y pense ensuite car on n'en a pas tenu compte, c'est cela qui crée la séparation – je parle de la séparation entre nous et ce que nous sommes réellement intérieurement, à un niveau plus profond. C'est cela qui, ensuite, crée ce même sentiment entre nous et les autres.

Le groupe de goélands s'envole, chassé par une bouffée de mistral. Au loin, des pêcheurs posent leurs filets au milieu de la baie, dans l'humble tranquillité de l'aube. Ont-ils besoin de savoir tout cela ? Que se passera-t-il lorsqu'ils reviendront à terre, repris par leurs démons ?

Rollin n'avait pas eu tort d'insister. Peut-être dans des années, la répétition de cette *nouvelle gymnastique* produirait ses effets ?

— Pratiquer cette cohérence du cœur crée des changements structuraux dans le cerveau et le système nerveux, avait-il précisé. Cela se traduit par un nouveau comportement, une nouvelle grille de lecture, une nouvelle normalité.

Quand la plupart des gens comprendront qu'une grande partie de leurs réactions sont les produits familiers de leur passé, ils piqueront des crises car ils verront combien leur conscience est fondée sur ces schémas de réponses du passé.

Donc pratiquer cette cohérence est l'un des moyens les plus rapides pour établir un nouveau système de références, où *être plus gentil, plus compréhensif, plus compassionnel* devient une nouvelle normalité. C'est ainsi que nous nourrissons non seulement notre champ personnel, mais celui de notre entourage. Et cela, nous pouvons le mesurer.

C'est comme un diapason créant une certaine fréquence qui s'ajuste ensuite à toutes les autres. Nous devenons tous plus stables émotionnellement, plus efficaces.

— Et comment créons-nous une plus grande onde de cohérence dans le champ ? avais-je demandé.

— L'un des meilleurs moyens, en incluant les pratiques dont j'ai parlé, répondit-il, qui consiste à se brancher soi-même à ce champ, c'est de rejoindre un groupe et de travailler ensemble à cette cohérence. Cela amplifie ce champ. On a de plus grandes ondes qui se diffusent à la fois dedans et à partir de lui. On appelle ça des *pôles de cohérence globale*. En pratiquant la compassion, l'amour, la gratitude, le sentiment d'aise, on fait vivre le champ, on accentue ses ondes de cohérence globale et l'on atteint tous les systèmes vivants, y compris les plantes ou les animaux, qui se sentent beaucoup mieux. Et cela aide aussi ceux qui ne sont pas conscients de tout cela à s'éveiller pour atteindre leur prochain niveau de conscience.

L'image de Martine et de son association flotte quelques instants dans ma tête, puis ces réseaux de plus en plus nombreux qui cherchent, paradoxalement aujourd'hui plus que jamais, à partager le fruit de cette conscience commune pour contrecarrer les relents d'anciennes barbaries.

Pour qui l'a vécu, il ne fait aucun doute que cette onde de force créée à plusieurs a des répercussions sur chacun…

Alors, une autre scène à laquelle j'avais assisté, un an plus tôt, se superpose dans mon esprit…

Chapitre 11

Sud de Pondichéry en Inde, février 2019…

J'étais à Auroville, la cité utopique issue d'un rêve de La Mère, mise en forme par l'architecte Roger Anger. Autrefois désert, à présent oasis, source d'expérimentations écologiques essentiellement tournée vers la croissance de la conscience humaine. Un lieu d'essentiel et d'essences variées, le *laboratoire de la prochaine étape humaine,* comme aiment à le rappeler les plus convaincus.

Dans une aile d'un quartier d'Auroville, une quinzaine d'hommes et de femmes sont assis en cercle, immobiles, sur des chaises. Au centre, une bougie sur le sol concentre tous les regards. L'atmosphère est douce, empreinte d'une légère moiteur.

Dehors, le coassement des crapauds et le crescendo des *white fevers*[1] ouvrent un espace vers toute la création.

---

1. Nom que l'on donne ici à des oiseaux de paradis aux chants allant crescendo.

Quelques ombres discrètes glissent derrière les baies, affairées ailleurs.

Ici, chacun semble ajusté à sa tâche, comme il semble ajusté à lui-même. C'est pour cela qu'il a choisi d'être là, pour faire ce *travail* avec les autres, dans cette enclave préservée, à quelques kilomètres de Pondichéry.

Il répond à cette aspiration mentale ainsi décrite par La Mère[1] en parlant de ceux qui venaient à l'ashram :

« Certains viennent soit pour servir, soit pour apprendre, les autres viennent dans l'espoir de faire le yoga, de trouver le Divin et de s'unir à lui. Enfin, il y a ceux qui veulent se consacrer entièrement à l'œuvre divine sur Terre.

Tous arrivent sous l'impulsion de leur être psychique qui veut les mener vers la réalisation de soi. »

Autrement dit, *gommer* ses propres limites pour grandir au contact de la partie divine en soi, en se référant constamment aux aphorismes et visions de Sri Aurobindo et La Mère. Et plus prosaïquement, il s'agit de polir sa nature au contact des autres, des langues et cultures étrangères, du climat tropical, de la végétation sauvage et du désert.

Chacun est là pour sentir dans cette croissance commune ce qui l'unit à tous, atteindre peut-être un jour ce niveau de compréhension supérieure qui lui permettrait d'habiter autrement sa peau d'humain, uni à la terre, aux étoiles et au cosmos sans limite.

---

1. *Vers l'harmonie intérieure, santé et croissance psychologique dans le Yoga de Sri Aurobindo et de Mère,* recueil de textes édités et publiés par les éditions Adi Shakti, 1995.

Voici comment La Mère décrit encore ceux qui venaient les rejoindre :

« Ils arrivent avec leur psychique en avant, dominant leur conscience. Ils ont un contact physique avec les gens et les choses. Tout leur semble beau et bon, leur santé s'améliore, leur conscience s'éclaire ; ils se sentent heureux, paisibles, en sécurité ; ils ont l'impression d'avoir atteint le maximum de leur possibilité de conscience. En fait, c'est la paix, la plénitude et la joie données par le contact avec le psychique qu'ils trouvent naturellement partout, en toute chose et en tout être. Cela les rend perceptifs à la vraie conscience qui pénètre tout ici et qui s'accomplit en toutes choses. »

Ces êtres-là représentent en quelque sorte un modèle, me suis-je souvent dit, c'est pour cela qu'ils sont mal compris…

Geneviève me présente au groupe, puis elle annonce le protocole et met de la musique.

Des accords de violon affleurent, flottant sur le silence. Il est midi. Trente-sept degrés à l'extérieur. L'harmonique dilate les murs, ouvre d'autres portes, caresse les cellules qui se mettent instantanément à vibrer, puis à composer leurs propres musiques, nous plongeant dans un état de gratitude. Les visages se détendent, les sourires se rejoignent dans une même béance où siègent toutes les aspirations du monde.

Puis il y a la lecture d'un passage de Sri Aurobindo et de La Mère tiré des *Pouvoirs intérieurs*[1]. Un par

---

1. *Les Pouvoirs intérieurs* de Mère et Sri Aurobindo, recueil de textes édités et publiés par les éditions Adi Sakhti.

un, nous en lisons quelques lignes avant de le passer au voisin et ainsi de suite.

Le silence qui s'ensuit s'empare des mots, les laisse s'inscrire de longues minutes. Les coassements reprennent avec la régularité d'horloges, interrompus par les stridences des envolées de *white fevers*. L'inde déploie ses batteries animales sonores.

Le temps ondoie au-dessus de nos têtes pour intégrer ce qui vient d'être dit. Alors, des voix s'élèvent pour dire ce qui leur vient, discrètes d'abord, puis reprises et approfondies pour aider le groupe.

Quelqu'un a fait un rêve qui entrait en résonance avec les aphorismes.

Repris par un autre, il est développé. Le cœur élargit le message. Je suis frappée par la sensation d'une force dense qui provient du groupe et circule entre nous au niveau du cœur. Une onde qui nous rend étonnamment paisibles, parties d'un tout, sécurisante. Chaque pensée construit quelque chose dans ce qui apparaît comme l'espace, ce vide qui en réalité ne l'est pas. Le niveau des interventions est très subtil et nourrissant. La paix amplifie cette impression.

Tout à coup, l'un de nous propose que nous fassions descendre cette force au niveau de la bougie. Chacun pourra poser une question silencieuse s'il le souhaite. Peut-être y aura-t-il une réponse…

À nouveau le silence. Et dans cette atmosphère paisible, tout à coup, une force telle une chappe contraignante provoquant un relâchement se met à descendre, sans que mon esprit ne lui en ait intimé l'ordre. Ces ondes circulaires s'orientent toutes seules vers le bas, du bassin vers les jambes, comme si mes cellules vibraient soudain plus fort à cet endroit précis, indépendamment du reste du corps…

C'est puissant et si étrange que, saisie par cette sensation, je n'arrive pas à me formuler de question.

Quelques instants plus tard, Geneviève annonce que trois personnes dans le groupe ont voulu poser une question sans y parvenir.

Elle cite mon nom et celui de deux autres participants.

Dans les ondes de cet égrégore flottaient des informations que sa clairvoyance avait perçues.

Chapitre 12

Sud de la France, fin juillet 2020…

— Ne crois-tu pas qu'aujourd'hui, il y a d'autres priorités avant celles du cœur ? me dit Paul, voulant à tout prix me rendre lucide après m'avoir longtemps enlacée, comme si sa tête entrait en conflit avec ce que lui dictait son corps.

C'est la première fois que nous nous retrouvons depuis le confinement.

— Tu n'as pas le sentiment de vivre dans une bulle ? ajoute-t-il.

— Non.

Le présent me comble. J'ai senti la paix de son âme dans l'odeur de son cou, une tranquillité sise dans la matière. Pas de désir. Une joie seulement. L'excitation d'un enfant devant un parent aimé. Une sensation qui s'étire à travers les champs de l'univers, vers tous ceux qui s'aiment et cherchent à aimer.

Il n'avait pas souhaité rejoindre les groupes de l'institut HeartMath, car il se méfiait des *clubs*. J'avais eu beau lui démontrer que le *club* pouvait s'étendre à toute la communauté humaine, que la cohérence dont ils parlaient était un état où tous les systèmes du corps s'harmonisaient, qu'augmenter cette cohérence personnelle créait un alignement entre l'esprit, le corps, les émotions et la psyché à travers le pouvoir du cœur, ces arguments ne l'avaient pas convaincu. Sans doute la possédait-il déjà…

— C'est trop abstrait ! fait-il remarquer. Les patrons et les employés ont vraiment d'autres choses en tête !

— Je sais… mais s'ils comprenaient que lorsqu'on ouvre son cœur, par ces méthodes ou par d'autres, l'alignement qui se crée provoque des intuitions justes, donc des vraies solutions ! On devient réellement acteur de sa vie et inspirant pour les autres ! Sans compter qu'on est dix fois plus efficace au travail et dans les moindres actes de sa vie…

— Va expliquer aux gens ce que veut dire « ouvrir son cœur », à l'heure où c'est leur porte-monnaie, leur travail et leurs ambitions qui s'évaporent…

Je sais qu'il se fait l'avocat du diable, comme d'habitude… Il faut sans cesse qu'il y ait ces résurgences entre nous, comme des rappels à cette réalité précisément, pour que je ne perde aucune dimension. C'est pour cela qu'il est là.

Mais au-delà de nous, il y a aussi cet îlot commun, ce socle qui nous unit. C'est lui qui parle par nos corps…

Est-ce la période qui veut cela ? Il me semble que Paul n'est plus tout à fait le même, comme si quelqu'un de plus complexe et contradictoire se substituait à l'image que je m'en faisais.... Ou bien est-ce moi qui veux tant croire à ce changement inéluctable ?

C'est l'innocence qui ouvre les cœurs, ai-je envie de lui dire. Regarde les nouveau-nés ! Concentre-toi sur leurs yeux pas encore fixés, sur leur regard posé sur cet *ailleurs*, illuminé par lui ! Observe l'interrogation qu'ils portent et qui te renvoie à toi-même ! Ressens ce courant qu'ils répercutent et qui te relie à ta source !

Ne sens-tu pas quelque chose s'éveiller ? S'enflammer à leur contact ? Ce quelque chose qui brûle dans tes cellules ?

Eh bien, ces étincelles, cette joie, ce dépouillement de tout, tu peux les retrouver dans d'autres occasions et par d'autres moyens...

Paul n'a pas eu d'enfant mais il sait tout cela. Il y a seulement des moments où il l'oublie, comme tout le monde. Ce sont ces moments qu'il faudrait réveiller par d'autres mots...

Alors ils sortent d'une autre manière, comme si tous les scientifiques parlaient à ma place :

— Rappelle-toi, même si je te l'ai déjà dit cent fois ! Le champ électromagnétique généré par notre cœur, c'est le champ d'énergie rythmique le plus puissant produit par notre corps lorsqu'il se met à s'organiser sous l'influence de nos états émotionnels positifs et de cette cohérence cardiaque. Donc il est en notre pouvoir de créer le champ d'environnement que nous désirons ! C'est un acte créatif responsable !

Le sourire qui se dessine sur son visage n'indique rien de très précis, mais insister semble inutile. Une onde se glisse, m'obligeant à lâcher prise. Je ne suis pas là pour faire du prosélytisme.

D'ailleurs, tous les matins, je tente de mettre ces principes en pratique dans ma propre peau. Dans chaque situation, seule avec mes pensées ou avec ma famille, mes amis ou collaborateurs, je pose désormais une intention :

— Essaie de nourrir ce champ environnemental d'un amour sincère – où qu'il soit et sous quelque forme qu'il prenne –, cherche cet investissement plein de bien-être et de compassion.

Cela ne prend que quelques minutes. Je me retire dans un lieu tranquille. Mon attention se place sur le cœur. Ses battements indiquent ma présence. Ce *Je suis là*. Au bout de quelques secondes, ma respiration se calme et je m'aperçois alors qu'elle se synchronise avec ce cœur dans toutes ses variabilités.

Je m'efforce alors d'observer ce qui se passe à l'intérieur, de me sentir en train d'essayer de maintenir cet équilibre dans les communications et les diverses interactions avec les gens. C'est particulièrement facile en présence de ma petite-fille, ou avec les miens. Parfois, ce n'est pas si simple. Et cette difficulté aussi est nécessaire. Car l'effort demandé, cette volonté qui répète l'intention, crée un état d'esprit finissant par devenir, à force, une habitude.

Au bout d'un certain temps, le corps déclenche lui-même ce processus. Une alerte se met en place qui demande à cette intelligence du cœur de faire son travail, de s'éveiller en évitant tout jugement, toute forme de dramatisation ou de résignation. On pourrait presque dire que l'amour se réactive de lui-même, comme s'il rechargeait ses propres batteries.

Avec une bonne persévérance, cette sorte de gymnastique, s'installe et le corps finit par la réclamer.

Je n'ose pas dire cela à Paul, tant cela paraît logique et banal. D'ailleurs est-ce utile ? Il le sait, bien sûr. Tout commence forcément par une lapalissade...

J'ai remarqué aussi qu'envoyer de la bienveillance et de l'énergie positive à toute interaction avant de l'accomplir, consolide le processus. Mais il n'empêche que même en y étant préparé, il peut toujours y avoir des routes de traverse provoquées par l'attitude des autres.

Essayons malgré tout de poursuivre ces émissions d'ondes positives, répètent inlassablement les protagonistes de l'institut HeartMath. C'est toujours bénéfique pour notre système !

Cela augmente la proportion de résultats positifs dans toutes les situations. Il suffit de l'expérimenter pour le voir.

— Il faudrait ne pas essayer de convaincre... lâche Paul au bout d'un moment, ramenant avec lui, le présent.

— Tenter d'Être... seulement.

Chapitre 13

Un vieux réflexe m'oblige à laisser infuser les mots de Paul, à les regarder agir, comme si nous jouions une partition commune, où la musique devait prendre toutes les formes et se recomposer sans cesse. C'est un jeu amusant.

Par « Être », je sais qu'il entend « notre véritable nature », l'essence invisible qui sommeille en nous. Indestructible. Nous en avons souvent parlé. C'est cette présence paisible que notre « mental » ne peut saisir, car elle surgit seulement lorsque celui-ci s'éteint et que notre attention toute entière se focalise sur l'instant présent. Ce moment éternel qui éclipse tout le reste.

La science pour certains emploie des métaphores, comme celle qui consiste à dire que *l'Amour est un vent magnétique dirigé vers le centre de soi*. Malgré son aspect un peu romanesque, cette réflexion reste juste d'un point de vue scientifique, avait fait remarquer Dan Winter, un chercheur dont j'ai déjà mentionné le livre[1], adressé aux enfants.

1. Dan Winter, *op. cit.*

L'Amour, lorsqu'il apparaît, se produit dans le cœur à cause de multiples opérations d'imbrications, un peu à la manière de poupées russes parfaitement enchâssées les unes dans les autres, répétitivement.

Ces processus sont activés grâce à l'aptitude des ondes électromagnétiques du cœur, *lorsqu'on choisit de retourner ce qui est à l'intérieur de soi, vers l'extérieur...*

En langage scientifique, cela s'appelle une *compression de symétries*. Dans un autre registre, on nomme cela, la *compassion*. Les bouddhistes, les moines et les moniales pratiquent cet état intérieur.

La *compression* parfaite et une *compassion totale* proviennent en effet de la même science : *faites un endroit pour vous à l'intérieur de moi* – c'est une bonne pression – c'est de la compassion et cela crée aussi le monde des fractales.

Toutes les formes qui maintiennent une compressibilité fractale ont le potentiel d'être habitées, nous dit la science[1].

Quoi de plus intéressant lorsqu'il s'agit d'Amitié ? Paul et moi maintenons-nous cette compressibilité fractale sans le savoir ? Et j'imagine nos corps tels les compressions de César.

En réalité, quand cela se produit, cela devient visible grâce à l'appareil qui aide à ajuster son cœur vers sa cohérence, le fameux *HeartTuner*, produit par l'institut HeartMath[2], précisait encore Dan Winter. Voilà que l'équipe de l'institut me revenait en pleine figure, pour ma plus grande joie.

---

1. *Ibid.*
2. www.heartcoherence.com

À un moment précis, on voit le cœur sur l'électrocardiogramme choisir des signatures musicales basées sur l'harmonie la plus juste.

Un petit refrain de déjà entendu donnait un relief à ces déclarations…

Il apparaît aussi dans les ondes originales ressenties et cartographiées pour tracer *l'émotion d'Amour* comme une *forme* destinée à être *touchée* ou *pressée*.

Car, parmi ses découvertes, Dan Winter avait en effet produit cette analyse géométrique originale pour un *test international de la forme des ondes d'Amour* qui est aujourd'hui accessible partout[1].

Cet auteur avait également fait ses recherches en partant de la physique quantique pour modéliser (au MIT) le premier prototype d'équipement de *biofeedback*.

Il avait découvert notamment un conjugueur de phase qui produisait un plasma régénératif et néguentropique, en bref, un champ de guérison bio-actif…

Dans ma vision un peu enfantine, il s'agissait d'une opération électrique qui créait une sorte de champ actif neutralisant les désordres du corps et lui permettant de guérir.

Dans l'un de ses livres[2], Dan Winter émettait « l'hypothèse la plus radicale depuis l'aube de la science », comme le stipulait la quatrième

1. goldenmean.info/touch.

2. *Fractal Conjugate Space & Time: Cause of Negentropy, Gravity and Perception: Conjuring Life: "The Fractal Shape of TIME" Geometric Origins of Biologic Negentropy*, Implosion Group, Kindle Edition, 2014.

de couverture. La fractale conjugue l'espace et le temps. C'est la cause de la néguentropie[1], de la gravité et de la Perception.

Si j'avais bien compris, en faisant apparaître la vie, la fractale formait le temps au même instant.

Mais revenons à la cohérence du cœur et aux conclusions de ce chercheur…

Le cœur, lorsqu'il atteint le bonheur, l'extase ou l'illumination fait de la musique. Cette mélodie produit ces notes en cascade un peu à la manière d'une chute d'eau. C'est précisément cela que capte l'instrument du HeartMath[2].

Cela commence ainsi : quand on mesure l'effet du son du cœur sur l'ADN, le voilà qui tresse, enveloppe, fait des torsions moulantes comme des nattes. Lorsqu'il s'agit d'un cœur plein d'amour, l'ADN dans le sang répond à la manière d'un serpent envoûté par la cohérence de ce son ! explique Dan.

C'est la clé pour comprendre ensuite comment le thymus, cet organe très important dans la mise en place du système immunitaire et situé dans la partie supérieure du thorax, sert en quelque sorte d'*aimant attirant le son d'Amour et de bonheur* pour créer des globules blancs renforçant notre système immunitaire, en d'autres termes,

1. La *néguentropie* est l'entropie négative. Elle se définit par conséquent comme un facteur d'organisation des systèmes physiques, biologiques, et éventuellement sociaux et humains, qui s'oppose à la tendance naturelle à la désorganisation.

2. heartcoherence.com

notre santé ! simplifie-t-il, cherchant des images destinées à la compréhension de jeunes lecteurs.

Me glissant aisément dans cette catégorie, je l'en remercie chaleureusement !

Il est donc essentiel de réaliser que ce cœur qui chante l'Amour tout comme le bonheur, affecte nos gènes, notre sang et notre ADN.

Et Dan Winter en conclut que cela autoriserait la science, désormais, à enseigner le bonheur et son rôle nécessaire pour garder un sang sain et viable.

C'est donc en réalité l'émotion qui programme notre ADN...

Dit d'une manière encore plus imagée, quand les protéines apprennent à *avaler l'éclair*, en clair, à absorber les *premières lueurs dans la soupe primordiale*, elles créent des formes, se déplacent, se transforment comme des vers jusqu'à la prochaine étape, prochaine symétrie, prochaine dimension et deviennent finalement l'ADN.

Et inversement, lorsqu'elles apprennent à *cracher l'éclair*, en d'autres termes à relâcher ces *éclairs* sous l'effet du *bonheur et de l'Amour* (responsable de la cohérence du cœur), on survit à la mort...

Dan fait-il des spéculations irréalistes ?

N'ayant ni la capacité ni les moyens de vérifier, seules les images de ces fameux *neuropeptides* reviennent danser dans ma tête ...

Mais lorsque le chercheur ajoute que l'ADN dans notre sang est basé sur la science qui permet de savoir *comment l'intérieur peut contenir l'extérieur*, mon attention se fige :

— Pour mieux comprendre, il faut imaginer un attracteur sous forme de fractales, explique-t-il. Les fractales fournissent une sorte de chemin de massages d'ondes qui créent des formes et des vibrations en schémas de plus en plus élevés évoluant vers le haut – une espèce de fil reliant des spirales plus larges et des spirales plus petites et ainsi de suite jusqu'à l'infini.

Leur *autosimilarité* signifie que leur structure intérieure possède le même schéma que celui extérieur. Par exemple, les épines de pins, les fougères ou la glande pinéale ont une forme qui, en 3D, vous permettrait de zoomer à l'envers jusqu'au centre – et de voir malgré tout la même chose. C'est le cas aussi des poupées russes dont toute la famille s'incorpore parfaitement l'une dans l'autre.

C'est ainsi qu'il nous fait comprendre comment l'état intérieur d'une personne peut refléter ce qui se produit à l'extérieur.

Tout à coup, les mots de Christiane Singer[1] me reviennent en mémoire :

« Je croyais jusqu'alors que l'amour était reliance, qu'il nous reliait les uns aux autres. Mais cela va beaucoup plus loin ! Nous n'avons pas même à être reliés : nous sommes à l'intérieur les uns des autres. C'est cela le mystère. C'est cela le plus grand vertige… »

---

1. Christiane Singer, *Derniers fragments d'un long voyage*, Albin Michel, 2007.

Chapitre 14

Bourgogne, août 2020…

Le silence nous immerge à présent dans une autre dimension. J-M, mon compagnon et indéfectible soutien, est à mes côtés. Autour de nous, les bocages, les collines, les rivières semblent se répondre dans une langue d'habitude occultée par nos jacasseries.

Les chevaux, à l'ombre des chênes, paraissent attendre des jours meilleurs. Animaux comme humains, le plomb du ciel nous rappelle à l'ordre. Notre vulnérabilité éclate au grand jour, nous rappelant nos devoirs, nos responsabilités…

Une parenthèse s'installe, que mon inextinguible soif refuse. Je dois poursuivre mon enquête. Tout m'y ramène : la grande bibliothèque de la maison, mes carnets de notes, les pages de mon livre en cours. L'arrêt du monde ancien et ses conséquences…

Je me souviens qu'au cours de l'été, Paul m'avait envoyée vers ce site russe où Arkady Petrov parlait de la régénération des organes. Et, avec le temps, une intuition me renvoie vers lui.

Sa vidéo passe et repasse en boucle sur mon ordinateur. J'étudie son discours, non sans une certaine méfiance parfois devant l'aspect « ésotérique » de son message, notamment lorsqu'il fait référence à l'Hyperborée pour expliquer nos origines. En cherchant un peu, je découvre une description de cette légende[1] : *Jadis, loin au nord, quelque part dans les tréfonds du froid, se dressait l'Hyperborée, une civilisation ancienne et oubliée. L'Hyperborée, le sommet du monde où le cosmos resplendissait éternellement sur les âmes. Terre mythique dans les entrailles de l'Arctique, le pays des hyperboréens. Le peuple de ceux qui vivaient au-delà du souffle de Borée vers l'étoile Polaire, peuple porteur de lumière…*

Rien n'y fait. La résonance revient, à l'image de ces guêpes tournoyantes, à l'affût de miel.

À force d'observer son visage, je m'aperçois qu'Arkady a dans les yeux l'éclat rieur de ceux qui regardent les humains à partir de *sommets*, ceux qui ont compris que les lois cosmiques étaient comme des jeux qu'il nous appartenait de décrypter ou non.

Il pourrait apparaître aussi comme un homme ordinaire, l'un de ces personnages débonnaires des romans russes, prêts à se déshabiller à la première vodka, mais imperméables à l'usure du temps.

En réalité qui est cet homme ?

---

1. « Voyage en Hyperborée » sur le blog Pigeon dissident :18 mars 2020, Antoine D. Hendrickx.

Le site ne donne aucune information personnelle. J'apprends juste qu'il a fondé un centre thérapeutique à Moscou et qu'une partie de son équipe est en Ukraine, tandis que les autres doivent être disséminées en Russie et en Europe.

En France, un premier site concentre des informations[1]. Je laisse un message vocal à un certain Marc.

Le lendemain matin, il me rappelle. Simple, ouvert et chaleureux, Marc répond à mes questions sans hésitation. Nous échangeons en toute confiance.

Il a fondé une association qui a invité Arkady Petrov, présenté comme un académicien russe, à venir faire une conférence en France, il y a deux ans. Petrov est à l'origine des enseignements sur *l'Arbre de vie*[2].

Tout cela ne me dit rien.

Puis il ajoute, comme s'il avait affaire à une *initiée*, que Grigori Grabovoï, Arkady Petrov et Iegor Arepiev représentent respectivement *la Conscience, l'Âme et l'Esprit*.

Ces trois mots réveillent une vieille méfiance. Mon ancien programme s'active. Mais la qualité humaine que je pressens chez Marc me dit le contraire.

1. L'association L.U.C.E Agapé.

2. *L'Arbre de vie* est une image symbolique véhiculée par de nombreuses traditions, notamment plus connue sous le nom de kabbale ou d'arbre séphirotique. Cette tradition existe aussi en Inde, au Mexique, chez les Dogons et dans bien d'autres cultures. La tradition hébraïque est la plus connue à ce jour, mais pas forcément la mieux comprise.

Légèrement circonspecte, je cherche quand même à savoir qui sont ces deux autres piliers formant avec Arkady cette sorte de trilogie qui n'est pas sans rappeler celle de notre histoire christique…

J'apprends alors que l'académicien Grigori Grabovoï, docteur en sciences physico-mathématiques et académicien, est également l'auteur de la découverte du domaine informationnel créatif ainsi que d'œuvres originales sur la prévision d'événements futurs, leur contrôle et leur correction.

Nous sommes en pleine science-fiction ! me souffle mon ancien programme.

Il est aussi l'auteur de l'enseignement « Sur le Salut et le Développement harmonieux ».

Dans le séminaire de base, explique le site, il nous est enseigné « *comment piloter la réalité* » avec différents exercices qui nous permettraient de mieux appréhender les notions d'Âme, de Conscience et d'Esprit.

Ces exercices, en lien avec des figures géométriques précises, des couleurs et des mouvements d'énergie subtile commandés par notre pensée, nous feraient accéder à des résultats basiques sur le plan de notre santé et des événements de notre vie.

En plein ésotérisme ! s'écrie ma bonne vieille disquette[1].

---

1. Voici ce que dit le site des « enseignements de Grigori Grabovoï » :

Il y a en Russie trois grands guérisseurs de renommée internationale qui forment ensemble la Triple Flamme :

L'inconnu se profile avec son lot de dangers et de belles surprises... C'est précisément ce qui active ma curiosité.

Pourquoi Paul m'aurait-il conduit vers ces gens s'il n'y voyait pas quelque chose à prendre pour la suite de ma recherche ?

L'Amitié que je lui porte fait le reste. Le lâcher-prise opère. Quelque chose en moi prend la suite, quelque chose qui fait confiance à autre chose... sans très bien savoir.

Marc m'oriente vers Morgane, celle qui aujourd'hui gère les écrits et les vidéos de l'enseignement d'Arkady, et qui centralise la logistique française.

Grigori Grabovoï serait la Conscience, Arkady Petrov serait l'Âme, Iegor Arepiev serait l'Esprit.

Aujourd'hui, seul Arkady Petrov enseigne à chacun la méthode de régénération des organes, du rajeunissement et de la vie éternelle. Cette méthode associe les techniques de Grabovoï, mais sans les séquences numériques, aux exercices de concentration de conscience dont les résultats ont été validés par les différentes autorités russes. Petrov, Grabovoï et Arepiev sont les flammes d'une même bougie divine et, aujourd'hui, si l'enseignement est commun, sachez qu'ils œuvrent dans des secteurs où leurs compétences personnelles prennent tout leur sens.

Arkady est aussi académicien, mais en littérature, et il ne s'est ouvert à la spiritualité que tardivement. C'est à l'occasion de graves problèmes de santé qu'il a développé ses capacités d'autoguérison. Il a ensuite été rejoint par Arepiev et ils ont mis au point les prémices de cet enseignement.

Par la suite, rencontrant Grabovoï à la fois sur les plans subtils et dans notre actualité physique, ils ont progressé ensemble au point de faire fusionner leurs savoirs et c'est Arkady qui a eu la charge de tout transmettre à notre humanité, sans prérequis de démarche spirituelle...

Immédiatement, au son de cette voix, je reconnais celle qui accompagnait la vidéo d'Arkady, claire, harmonieuse, comme débarrassée de toute *scorie*... Une onde tournoyante et légère se met en place, m'unissant à elle comme à une petite sœur, car je la sens beaucoup plus jeune.

Nous nous racontons l'une à l'autre, tissant nos expériences respectives avant d'arriver au but de l'entretien.

— J'aimerais faire un entretien avec Arkady Petrov, si c'est possible...

— Bien sûr, me répond-elle, vous n'êtes pas trop pressée ?

— Je dois juste finir mon livre avant la fin du mois d'août...

— Je vais voir...

Si les choses devaient en rester là, cette conversation chaleureuse à elle seule m'aurait suffi.

Voilà que ma quête vient d'engendrer deux contacts avec des êtres éclairés et sur le même chemin que moi ! Je songe à la subtile description de Teilhard[1] :

« Il y a comme un désir sensuel de communion avec d'autres personnes. Les immenses bienfaits de l'amitié entre ceux qui se consacrent à faire progresser l'évolution de la conscience ont une qualité impossible à décrirc... »

Plus j'avance sur cette route, plus il me semble en effet que nous sommes de plus en plus nombreux à chercher ensemble, à échanger des connaissances, à travailler sur nous-mêmes à partir de

1. Teilhard de Chardin, *Le Phénomène humain*, La République des lettres, 1955.

cette « nouvelle » conscience. En réalité, elle est en nous depuis toujours, mais certains aujourd'hui y accèdent par nécessité et parce que les temps, leur état intérieur et leur situation les y obligent.

Allons-nous bientôt atteindre cette masse critique qui renversera tout ?

Deux jours plus tard, à ma grande surprise, en début d'après-midi, Morgane me rappelle :

— Arkady peut vous parler ce soir !

Une brèche s'est ouverte. L'inattendu me comble, pourtant j'hésite. Mes enfants et ma petite-fille arrivent précisément en fin d'après-midi...

Comment gérer tout cela ? Je n'ai pas eu le temps de préparer mes questions...

L'ancien programme se met immédiatement en place sous la bannière *lucidité* : je ne connais presque rien d'Arkady Petrov et plus le temps de le découvrir. Le risque de lui faire perdre son temps s'inscrit en grosses lettres.

Mais il y a aussi l'instant présent, ce cadeau...

— Je ne peux pas refuser ! dis-je à Morgane, non sans l'avoir prévenue de l'irruption familiale, comme si quelque chose en moi cherchait à se désolidariser de cette chance.

— Ce n'est pas grave, dit-elle, on pourra sans doute le remettre à une date ultérieure !

Peux-tu refuser ce que le « ciel » t'envoie ? me souffle alors une intuition.

J'ai juste le temps de me précipiter sur la conférence d'Arkady et d'en extraire quelques questions.

Chapitre 15

— Alors, ça s'est bien passé ? me demande Paul au téléphone.

— Oui et non…

À l'heure prévue, Morgane m'avait appelée et placée directement en visioconférence avec Arkady Petrov depuis Moscou. Aux quatre angles de l'écran étaient apparus deux belles jeunes femmes en petits formats, Morgane et Stéphanie, l'interprète, ainsi que Roman Gireylo, l'un des enseignants de *l'Arbre de vie,* la quarantaine sympathique et moustachue, en direct d'Ukraine.

J'avais alors formulé quelques remerciements de circonstance, remplie d'allégresse, avant d'aborder mes questions.

Arkady nous regardait en souriant, parfaitement décontracté. Son visage familier ressemblait à présent à celui d'un parent venu de ma lointaine et chère Russie. (J'avais fait jadis des études littéraires de russe pour devenir traductrice, mais mes connaissances aujourd'hui avaient été occultées par le polonais.)

Il portait une chemise à carreaux ouverte sur un léger embonpoint, reflétant une certaine jouissance de la vie matérielle plutôt rassurante.

Quelque chose en lui semblait ici et ailleurs, rendant sa présence un peu intemporelle. Était-ce ma propre projection ? La distance ?

En n'importe quels lieux et circonstances, c'est son état constant, m'étais-je dit. C'est ce qui fait la différence entre ces *êtres clairvoyants* et nous.

Puis j'avais formulé ma première question un peu à brûle-pourpoint :

— Pensez-vous qu'il puisse y avoir une contagion du cœur bientôt sur la Terre ?

Un grand rire l'avait secoué car, en russe, le mot « contagion » représentait quelque chose de menaçant. Il n'avait pas perçu le paradoxe. La traductrice s'était alors efforcée de l'expliquer.

Finalement, sa réponse fusa :

— Oui, si tout l'univers le veut !

Essayant d'intégrer ce qu'il venait de dire, j'avais repris soigneusement la traduction française consignée après le visionnage de sa conférence, pour ne pas perdre pied.

Je risquai ma deuxième question.

— Quand vous dites : « Mes partenaires et moi-même avons traversé le chemin de la transformation de notre conscience individuelle.

Nous avons constaté que ce processus assez subjectif a commencé à se manifester sous des formes scientifiques objectives.

Nous avons compris que la division du monde en deux parties, celui qui découvre et ce qui est découvert, n'est qu'une illusion. Il n'existe pas de séparation. » C'est l'une des lois de base de la physique quantique[1]. Quelle a été votre expérience personnelle pour en arriver à cette conclusion ?

Soudain, la traductrice avait semblé en difficulté. Ma question était formulée de manière trop complexe. J'aurais dû lui envoyer la liste avant.

Une certaine confusion avait suivi. Finalement, Morgane suggéra de transférer mes questions par écrit à une traductrice russo-francophone. Ce que je fis. C'est ainsi que l'entretien s'était achevé.

À peine ai-je fini, qu'un problème de connexion coupe la conversation avec Paul à cet instant précis.

Après quelques essais infructueux, j'abandonne. Dans cette partie de la Bourgogne, les communications sont souvent interrompues.

---

1. Autrement dit, l'observateur, à travers son appareil de mesure, a une influence sur le résultat de la mesure.

Chapitre 16

Bourgogne, quelques jours plus tard…

L'incertitude demeure. Je ne sais pas si Arkady aura le temps ni l'envie de répondre à mes questions. Et plus le temps passe, plus le vide se remplit de possibilités. Je choisis de profiter de cette période pour approfondir mes connaissances sur *l'Arbre de vie*.

Une des réflexions de l'académicien lors de sa conférence[1] m'avait frappée, car elle sonnait comme un avertissement.

Ceux qui se réveillent aujourd'hui ont la chance d'entrer dans la nouvelle réalité de la Terre.

Ceux qui ne le feront pas rejoindront les niveaux de conscience qui leur correspondent.

La mort n'existe pas. Il y a seulement la répartition des personnes selon le niveau de leur

1. Conférence d'Arkady Petrov sur : contact@arkadypetrov.com.

réalisation. Il ne faut pas avoir peur de la mort. Personne ne mourra. La mort n'est qu'une illusion…

Une vigilance se met en place, navigation subtile entre deux eaux : d'une part, appliquer cette démarche « satpremienne » reprise comme un principe de vie : *se traiter soi-même comme les chimistes traitent un corps inconnu : prendre le corps inconnu et le faire réagir avec les ingrédients les plus divers…* D'autre part, *ne pas utiliser les produits qui n'aident pas à découvrir la composition du corps inconnu.*

Pour en savoir plus, je me branche sur la chaîne d'Arkady Petrov, spécialement mise en place par Morgane, et tombe sur Gennady Graba, l'un des enseignants de *l'Arbre de vie* qui donne des visioconférences traduites en français.

Le sujet du jour est le développement de la perception pour équilibrer la santé et harmoniser le monde…

À l'affût de tout ce qui pourrait affiner ma recherche, ce préalable incontournable paraît un bon début.

Gennady Graba, visage serein, pommettes saillantes, les yeux légèrement tirés vers les tempes, évoque les steppes de Russie.

Présenté par Morgane, il ouvre sa conférence par un paradoxe :

— Ce qu'il faut savoir, c'est qu'au départ, le processus de perception est émis par la personne vers l'objet de sa perception. Et nous en arrivons tout de suite à cette loi fondamentale de la physique quantique : *c'est l'observateur qui crée la réalité observée, affirme-t-il.*

Donc l'homme est *la cause seconde* de tout ce qui se produit dans le monde, tandis que Dieu (ce mot, pour les non-croyants, pourrait être remplacé par *force* ou *intelligence évolutive* ou *force créatrice universelle*, etc.) est ce qui arrive *en premier*.

Et il conclut :

C'est à travers l'être humain, cette *fractale* de Dieu, que cette force divine peut agir dans le monde. C'est une autre manière d'affirmer que c'est l'observateur qui crée la réalité observée.

Mes souvenirs se tournent alors vers le père Brune, notre ami disparu qui, il y a trente ans, avait écrit un plaidoyer frappant, intitulé : *Pour que l'homme devienne Dieu*[1] qui fait aujourd'hui figure d'avant-garde, après Teilhard de Chardin en son temps, notamment…

« *Dieu s'est fait homme pour que l'homme devienne Dieu.* » C'est la foi de l'Église primitive d'Orient et d'Occident. C'est aussi ce qu'éprouvent aujourd'hui beaucoup de ceux qui ont fait une expérience de mort imminente…

Nos conversations ressurgissent, dessinant un manque…

Au loin, les rumeurs du monde… La tragédie du Liban[2] qui vient de ressusciter cette Église primitive, unissant l'Orient à l'Occident.

Qu'en aurait pensé François ?

---

1. Père François Brune, *Pour que l'homme devienne Dieu*, Le Temps présent, 1983 (réédition en 2013).

2. Le 4 août 2020, deux explosions ont ravagé le port de Beyrouth, faisant plus de 200 morts et des milliers de blessés.

Un autre détail a également attiré mon attention. Le terme « fractale » employé par Gennady me rappelle les affirmations singulières de Dan Winter sur la compassion : « Faites un endroit pour vous à l'intérieur de moi – c'est une bonne pression – c'est de la compassion et cela crée aussi le monde des fractales. »

Toutes les formes qui maintiennent une compressibilité fractale ont le potentiel d'être habitées, nous dit la science…

L'impression d'un rébus se construisant au fur et à mesure et s'échappant sans cesse…

— Donc, ce qui est important c'est ce que se représente l'observateur, poursuit Gennady, tel un écho.

Si, pour employer des termes propres à l'enseignement de *l'Arbre de vie*, l'homme est une projection de son propre contenu énergétique, spirituel et informationnel ; nous sommes ce contenu. C'est pourquoi le monde intérieur de l'homme crée son monde extérieur.

Cette explication me rend soudain joyeuse, car elle entre en résonance avec l'expérience que m'avait envoyée Mudrooroo[1]. Je revois ce processus étrange où, encore à l'état de *photons ou de particules*[2], si j'ose dire, quelque chose qu'on pour-

1. Le chaman et auteur australien qui avait induit mon expérience de décorporation racontée dans *Va par où tu ne sais pas*, *op. cit*.

2. Le photon est un quantum d'énergie associé aux ondes électromagnétiques qui présente certaines caractéristiques des particules élémentaires.

rait qualifier d'*âme* réintégrait le corps sous l'emprise de la force gravitationnelle. Ce *quelque chose* était désormais nourri par cette réalité illimitée à peine découverte et déjà porteuse d'une nouvelle grille de lecture régénérant la vie...

Ce monde intérieur allait effectivement créer celui de l'extérieur et engendrer cette quête qui n'allait plus me quitter...

J'y vois aussi le processus holographique décrit par Ervin[1], à travers lequel nous percevions le monde. D'abord énergie, 3D et matière...

Après un temps de silence, l'enseignant revient sur ses propos :

— C'est là qu'il devient essentiel de se demander : quelles sont les représentations de cette personne à chaque instant de sa vie ? Qu'est-ce que cet être humain est en train de transférer dans le monde ?

Puis il se réfère à l'un de ses maîtres :

— Grigori Grabovoï[2] dit que l'harmonie est un état qui résulte d'une *technologie*. Peu importe la manifestation extérieure de tel ou tel élément, positif ou négatif ! Nous développons nos personnalités dans la mesure où nous mettons de la conscience dans tout ce que nous faisons. Et en tant que personnalités qui élargissent leur conscience, nous devons être à même de voir dans chaque manifestation du monde, qu'elle soit négative ou positive, ce qui constitue *le grain*

1. Notamment dans le livre d'Ervin Laszlo, *Science et champ akashique*, Ariane éditions, 2004.

2. Selon Wikipédia, c'est un docteur russe en mathématique, guérisseur et clairvoyant controversé.

d'harmonie qui est profondément dans tous les éléments du monde, *la graine divine*.

Et c'est seulement lorsque, avec ce rayon de perception, nous atteignons cette graine d'harmonie qui se trouve dans n'importe quel élément du monde, qu'elle peut se déployer.

Nous devenons alors la cause de la multiplication de l'harmonie dans le monde.

Se rend-il compte de la difficulté de cette tâche ? Chercher dans ce virus le grain d'harmonie ? Mettre de la conscience dans chaque élément de pensée et d'action, à chaque seconde de nos vies ? Mais après tout, n'est-ce pas ce travail que nous impose la situation ? Penser à soi dans l'autre à travers ces nouveaux gestes qui deviendront des habitudes... Voir dans cette épreuve la contrainte d'un effort commun pour la survie de tous...

Soudain, deux parallèles s'imposent sur des plans différents :

D'un côté, je m'efforce de voir dans la tragédie du Liban comme dans tous les conflits de religions, en l'occurrence ici, le rapprochement symbolique de l'Orient et de l'Occident à travers l'Église primitive évoquée plus haut. Ce qui pourrait se traduire dans nos esprits laïcs par le retour symbolique d'un certain besoin de *Sacré* dans nos vies.

De l'autre viennent s'immiscer les interrogations de Rollin Mac Craty :

« Qu'ai-je fait aujourd'hui pour nourrir ce champ ? Ai-je été plus gentil avec les gens autour de moi ? Plus passionné, plus chérissant ? » portées par la conclusion de sa collègue Deborah :

« S'il y a une masse critique de gens qui pratiquent cela instinctivement tous les jours, ça peut impacter toute la planète ! L'aider énergétiquement à clarifier ses champs environnementaux. C'est-à-dire éclaircir ce champ qui a été mentalement et émotionnellement pollué au fur et à mesure, pour accompagner le bouleversement planétaire en cours. »

Et voilà que ces deux visions qui n'ont rien de commun s'emmêlent comme la musique d'un orchestre venu des quatre coins du monde, répétant inlassablement la même chose...

— Vois par le cœur, par la vision intérieure ! Et tout s'éclaire autrement...

Peut-être est-ce bon signe ! me dis-je, cherchant obstinément cette *graine d'harmonie* dont parle Gennady, qui nous avait été enseignée par nos religions.

— C'est particulièrement fondamental par les temps qui courent, renchérit l'enseignant, comme s'il répondait à cette injonction ! Dans ce monde en pleine reconfiguration où il y a tant de manifestations qui nous déplaisent, où il se passe tant de choses qui nous limitent et limitent l'humanité ! C'est maintenant, plus que jamais, qu'il est indispensable de développer cette qualité de perception !

Je m'aperçois que cette lapalissade, même redite cent fois sous d'autres formes, a toujours cet effet de *réveil suisse*, à l'image du pays, de ses montagnes et lacs paisibles, rétablissant un peu d'ordre dans la réalité.

Un peu plus tard, un autre passage retient mon attention :

— Représentez-vous comme la cause de cette harmonie, propose Gennady. Vous en êtes responsables. Et si c'est le cas, il n'y a plus de place pour le chaos.

Ensuite, bien sûr, il y a un travail à faire avec les informations. Nous sommes plongés dans un monde d'informations, des vagues informationnelles à chaque instant.

Et un observateur professionnel et expérimenté ne doit pas être soumis à la panique, ni perdre ses moyens devant ces vagues qui viennent se briser sur lui. Il doit être capable de faire croître son état stable d'harmonie.

Mais comment garder cet état, alors que bouillonnent ces flots d'informations autour de lui ?

Gennady interrompt le suspense quelques secondes, aidé par quelques précisions de sa traductrice, avant d'ajouter :

— Il y a une façon de garder notre état d'harmonie et de paix : il faut tout simplement ne pas laisser entrer l'information en nous. Cela signifie ne pas y réagir...

Curieusement, cette constatation ne m'est pas étrangère. Elle ressemble beaucoup aux explications de La Mère qui encourageait ses *élèves*[1] à devenir des *observateurs expérimentés d'eux-mêmes*

1. Par *élèves*, il s'agit ici des disciples qui pratiquaient le yoga intégral de Sri Aurobindo.

en refusant notamment certaines *suggestions* extérieures négatives...

Par suggestions, elle entendait « ces flux d'informations qui nous parviennent de l'extérieur ».

— Mais comment ne pas réagir, me direz-vous ? poursuit le pieux enseignant. C'est difficile en effet ! Mais c'est oublier que nous sommes de parfaits démiurges de naissance. Donc, il nous faut apprendre...

Et je vais vous recommander une manière de ne pas réagir. Ce qui ne signifie pas ne pas prendre part aux événements, rester indifférents. On peut travailler à transformer les événements sans entrer dedans, sans se plonger en eux. Notre statut, c'est celui d'être au-dessus des événements. Nous avons une position d'observateur actif :

— Toute information qui me parvient ne me touche pas, mais elle est transformée – je la transforme – à la hauteur des *vérités divines*.

Aux mots *vérités divines*, quelque chose vient à nouveau réveiller une méfiance dans mon ancienne disquette. La Mère aussi employait ce mot, mais dans sa bouche, il désignait un dénominateur commun à tous les humains quelles que soient les religions, et était lié à son époque, ce qui prêtait moins à confusion. Aujourd'hui, ces références pouvaient paraître un peu traditionnelles et conservatrices aux vues de la Russie laïque.

Gennady aurait-il tendance à se prendre un peu pour un prêtre ?

L'humilité de son visage contredit cette image, mais ce doute brouille quelques instants les pistes, me forçant à focaliser l'attention sur la suite...

— Nous transformons cette information à la volée, explique l'enseignant, elle n'a même pas encore eu le temps de nous atteindre que nous la transmutons ! Nous n'entrons pas dans son aspect concret.

Fermant les yeux un instant, j'essaie d'imaginer l'explosion au Liban, alors qu'elle me parvient à travers les médias. Derrière l'horreur de la déflagration, du monstrueux nuage et de ses conséquences tragiques, que vois-je ? Qu'est-ce qui se cache derrière cet électrochoc cataclysmique ? Y aurait-il un enjeu évolutif caché ? Quelque chose comme l'idée de « nous rassembler en un seul peuple, formant l'espace d'une seconde, une seule conscience globale », comme l'avait prédit Roger Nelson ?

Il me semble en effet que cette vision freine imperceptiblement l'impact de l'émotion. C'est ce que Gennady doit appeler *ne pas entrer dans son aspect concret*.

Évidemment, lorsqu'il s'agit d'un événement lointain, tout paraît plus simple, mais quand cette information nous concerne directement ou vient de nos proches, comment la transformer à la volée ? Sa réponse me laisse rêveuse.

— Comme nous avons cette *vérité suprême* en nous, poursuit Gennady, celle-ci atteint cette information qui se transforme aussitôt, grâce à *l'algorithme divin*. C'est comme cela que vous multipliez les informations positives dans le monde.

Qu'entend-il par *vérité suprême* et par *algorithme divin* ? Ce vocabulaire me donne des frissons. Si c'était aussi simple, ça se saurait ! souffle à nouveau mon ancien programme.

Comme dans le cas d'Internet, c'est la gouvernance de l'algorithme qui pose problème. Ici, il ne s'agit pas d'imposer des règles de conduite à des firmes californiennes[1]. Qui fixe les règles ?

C'est un travail de chaque instant…

Mais une intuition supérieure m'intime soudain l'ordre de ne plus voir les choses de cette manière.

Nous avons tous en nous cette *vérité supérieure* qui cherche à nous détacher de la réalité quotidienne pour nous hisser au-dessus de nous-mêmes. C'est un travail de reliance avec cette intelligence supérieure à chaque instant…

La Mère l'avait expliqué ainsi :

« Cette conscience véritable, distincte de la conscience de surface, a deux centres principaux, l'un dans le cœur (non pas le cœur physique mais le centre cardiaque au milieu de la poitrine), l'autre dans la tête.

Par la concentration dans le cœur, on s'ouvre vers le dedans… et en pénétrant profondément, on devient conscient de l'âme ou l'être psychique, de l'élément divin dans l'individu.

Cet être dévoilé commence à venir au premier plan, à gouverner la nature, à l'orienter, elle et tous ses mouvements vers la Vérité, vers le Divin, et à appeler en elle tout ce qui est au-dessus[2]. »

---

1. Allusion aux problèmes des algorithmes gérés par des firmes californiennes et leur rôle dans les abus, la haine et les *fake news* qui circulent sur le Net.

2. *Vers l'harmonie intérieure, santé et croissance psychologiques dans le yoga de Sri Aurobindo et de la Mère*, recueil

Oui, mais au prix d'un effort surhumain ! ne puis-je que me plaindre. Cela doit être cela, le lien avec ce fameux *statut d'observateur actif* dont Gennady vient de parler…

D'ailleurs, cet homme subtil et désarmant semble avoir réellement *opéré un travail* sur lui-même au point qu'il ne reste plus sur son visage le moindre doute. Plus il avance dans cet exposé, plus il rayonne, comme si les mots qu'il prononçait avaient un effet d'illumination, de rajeunissement…

— De même, *a contrario*, si vous laissez entrer en vous cette information, prévient-il, si vous commencez à souffrir, si cette information déclenche en vous des passions ou de la peur, vous ne faites que renforcer, que multiplier cette information négative.

Nul besoin de preuve, avec ce virus ! gronde une voix sourde, alors que Gennady enchaîne :

— Tandis que si vous apprenez à vos amis et proches cette méthode de transformation, de transfiguration, il y aura de moins en moins d'informations destructrices et de plus en plus d'informations créatrices. Et les ondes informationnelles négatives, destructrices diminueront et deviendront de plus en plus paisibles.

Peut-on le taxer lui aussi d'idéalisme ? Son discours entre tout à fait en résonance avec les visions de Carlo, Rollin, Ervin et les autres et

---

de textes édités et publiés par les éditions Adi Shakti, 1995, p.198.

s'impose comme une gifle, dicté par l'urgence. Nous n'avons plus le choix ! Il faut décider de quel côté nous sommes !

Alors ce « concerto pour cœurs et orchestre » réapparaît, distillant son cortège de perspectives lumineuses.

Pour conclure, Gennady reprend une fois de plus les affirmations de Grabovoï :

— Peu importe la combinaison d'événements qui se produit, je suis *Sauvé* et tous sont *Sauvés*. C'est cela la posture qu'il faut adopter ! C'est ce programme que vous devez renforcer. Il doit devenir le fondement de votre travail. Et c'est alors que ce programme va pouvoir se diffuser, se propager dans votre environnement et dans tous les événements qui vont se produire.

Une telle personne génère autour d'elle un espace de Salut, insiste-t-il. Elle ne peut pas se retrouver dans des situations critiques. Car si cette posture est devenue votre fondement, que ce sont vos racines, l'Esprit est alors actif en vous et rien ne peut vous arriver de mal.

Mais il s'agit bien sûr d'un travail individuel et permanent sur soi, ajoute Gennady.

Le visage de François ressurgit dans sa sainteté, ses multiples combats, les aides providentielles rencontrées sur son chemin, puis celui de Paul apparaît. Chacun à leur manière, ils me font penser à ces *hommes essentiels*[1] en qui l'Es-

1. Marie-Madeleine Davy, *Nicolas Berdiaev ou la révolution de l'Esprit*, Albin Michel, 1999.

prit a creusé une brèche. Ces hommes habités par l'Éternité, comme Berdiaev ou Dostoïevski.

Et une fois de plus, je ne peux m'empêcher de penser à la résonance avec l'enseignement de Sri Aurobindo et de La Mère…

Chapitre 17

Sud de la France, le 23 août 2020…

La canicule se poursuit, n'empêchant pas les relents de virus le long des plages. Une ombre d'inquiétude flotte sur la rentrée, s'agrandissant au fil du temps.

Sans réponse d'Arkady, depuis plusieurs jours, la comparaison entre son enseignement et celui de Sri Aurobindo, inspirée par Paul, me trotte toujours dans la tête.

Malgré leurs différences apparentes – l'enseignement de la *clairvoyance* dans le cas de Petrov et le *Yoga intégral* dans celui de Sri Aurobindo – de multiples parallèles s'imposent à propos de ce *travail sur soi*, surtout lorsqu'ils parlent tous deux de l'action d'une certaine *force divine* sur les cellules (appelée *Force supramentale* ou *Force de Vérité* par Sri Aurobindo et La Mère), permettant de découvrir une sorte de *Vérité suprême*.

Est-ce ma tête qui les fabrique ? Peut-être… Un élément capital relie pour moi les deux hommes :

Cette *Force* à laquelle ils font référence pourrait-elle s'appeler, dans une autre sémantique, *l'Amour divin* ?

Cette *énergie* extraordinaire appelée également *Lumière* produit en effet une véritable *action de régénération sur la matière*, comme on l'a vu avant avec Arkady Petrov dans sa régénération des organes.

Et à une moindre échelle, dans le halo lumineux capté par la caméra à hautes fréquences, lorsque Pagliaro en méditation, envoie ses ondes bienfaisantes à son patient.

Le docteur Thérèse Brosse, ancien chef de clinique cardiologique à la faculté de médecine de Paris et chercheuse à Harvard, qui avait étudié l'enseignement de Sri Aurobindo, décrivait[1] de manière très claire de quoi il s'agissait :

« De même qu'en chimie, une vibration a tel effet, telle attitude a des effets modificateurs. Pour "éclaircir la substance", il faut "entrer dans la substance" pour en faire sortir tous les encombrements évolutifs. »

Et comment y entrait-on ? Par le biais de cette *conscience-force*, véritable rayon laser venu de cet *ailleurs* mystérieux.

Et Thérèse Brosse poursuivait : « Au-dessous d'eux, [les encombrements évolutifs], c'est pur, naturel et automatiquement puissant. Le véritable naturel, c'est l'ultime guérison de tout ; il n'y a rien à imposer, C'EST.

1. Thérèse Brosse, *Sri Aurobindo-La Mère : Shiva-Shakti ou le laboratoire de l'homme de demain*, Dervy-Livres, 1990.

C'est cette restitution de matière pure qui doit être l'ultime triomphe de la "Transformation". »

Cette sorte de résurrection m'intrigue, comme elle doit intriguer tous ceux qui, de près ou de loin, ont eu un lien avec les Écritures bibliques. Mais ici, il s'agit du regard d'une biologiste sur le travail cellulaire d'un homme, fût-il visionnaire…

Sri Aurobindo l'avait expérimenté jour et nuit pendant des années « *plus scrupuleusement qu'un savant ne vérifie sa théorie et ses méthodes sur le plan physique* », constatait le docteur Brosse avec dévotion.

Poussant la lecture un peu plus loin, le paragraphe suivant attire mon attention car il éclaircit ce pouvoir de transformation si singulier décrit par Sri Aurobindo[1] :

« Le fonctionnement du pouvoir supramental, tel que je l'envisage, ne consiste pas à influencer le physique en lui donnant des facultés anormales, mais à entrer dans le physique et à l'imprégner pour le transformer complètement en physique supramentalisé. »

C'est-à-dire un physique pur, expliquait le docteur Brosse, doté de ses pouvoirs normaux, car en vérité « en chaque particule, chaque atome, chaque molécule, chaque cellule de la Matière, vivent et agissent, cachés et inconnus, l'omniscience de l'Éternel et la toute-puissance de l'Infini[2] ».

1. *Op. cit.*, chap. XII, p. 334-335.
2. *Op. cit.*, chap. XII, p. 335.

Un autre passage me frappe : il fait encore plus précisément le pont avec l'enseignement de clairvoyance d'Arkady Petrov.

« Ce que je suis en train d'établir, écrit Sri Aurobindo en 1913, c'est le fonctionnement normal des facultés ou pouvoirs dans la vie, c'est-à-dire :

1/ La perception des pensées, sentiments et événements en d'autres êtres et d'autres lieux à travers le monde, sans recourir à des informations verbales ou à aucune autre donnée ;

2/ la communication d'idées et de sentiments sélectionnés à d'autres (individus, groupes, nations) par simple transmission du pouvoir de la volonté. »

L'enjeu de ces lignes active soudain mon ancien programme. L'habitude d'une certaine méfiance se mêle à l'empreinte indiscutable que le génie de Sri Aurobindo impose à tous ceux qui l'étudient. Mais comme toujours, c'est en allant plus loin que se réajuste la vraie portée de son message :

« J'ai commencé la deuxième partie de mon travail qui consiste à préparer les hommes pour l'âge nouveau, en communiquant les *siddhis* (pouvoirs, facultés) que j'ai, à ceux qui sont choisis. De ce point de vue, notre petite colonie ici [il parlait de l'ashram], est une sorte de pépinière, un laboratoire. Ce que j'élabore dans ce laboratoire s'étendra après au-dehors[1]. »

Rappelons que nous sommes alors au début du XXe siècle…

Cette tâche considérable pour l'évolution, écrivait Thérèse Brosse, se réalisait dans un parfait

1. *Op. cit.*, chap. XII, p. 339.

silence et, qui plus est, dans l'ignorance totale des *sujets de laboratoire*. Cette ignorance était d'ailleurs une condition essentielle pour garantir l'efficacité du travail. Les disciples, « *sans le savoir* » ne se prenaient pas pour tels et ignorant qu'ils « *faisaient du yoga* », ne dressaient pas le barrage de leurs idées.

Les idées constituent en effet le plus grand obstacle. En quelques minutes, un barrage infranchissable s'élève avec l'obsession de « *ce qu'il faut faire* » et de « *ce qu'il ne faut pas faire* ».

Nous croyons à l'absolue nécessité de comprendre, alors que le développement le plus efficace s'obtient précisément lorsque « nous ne comprenons rien ».

Sri Aurobindo l'expliquait ainsi :

« Le pouvoir que je suis en train de développer, s'il arrive à porter ses fruits, sera capable d'accomplir automatiquement ses effets par n'importe quelle méthode choisie[1]. »

Aujourd'hui, plus d'un siècle plus tard, des clairvoyants comme Grigori Grabovoï, Iegor Arievitch ou Arkady Petrov diffusent leurs méthodes qui font appel aux capacités extrasensorielles pour guérir, restaurer et régénérer le corps humain. D'autres scientifiques dans le monde entier ont adopté à leur tour cette approche qui consiste à contrôler la biochimie et la biophysique de l'organisme par l'impulsion de la pensée.

Et l'on constate que les témoignages de guérison sont nombreux.

Cela signifie que tout se produit à une autre échelle et par d'autres moyens. Ceci nous rappelle

---

1. *Op. cit.*, chap. XII, p. 340.

qu'il y a plus de deux mille ans, un certain Jésus de Nazareth avait ouvert la voie.

À la fois Guide, Chemin et Thérapeute...

Nous n'avions pas besoin de comprendre, seulement de réveiller en nous cette ressemblance et la laisser guider...

Chapitre 18

Arkady donne souvent la parole à Gregori Grabovoï, son guide, bien qu'il soit controversé. Celui-ci explique[1] que la clairvoyance est un moyen universel pour accéder à l'information qui se trouve dans *le Réseau cosmique*.

— À quoi pourrait-on comparer un tel moyen ? demande-t-il.

— Il existe déjà quelque chose de semblable dans notre vie actuelle, répond le mathématicien. C'est le réseau global Internet. À travers lui, on peut trouver toutes les informations disponibles depuis n'importe quel point du monde.

De la même manière, « il s'avère qu'il existe une sorte de réseau cosmique qui contient des données sur tout ».

Ervin nous avait appris cela, il y a des années[2]. Il l'avait formulé à peu près ainsi :

---

1. Arkady Petrov, *Sauve-toi toi même*, Saint-Germain-Morya, 2017, p. 480.

2. Entretiens de l'autrice avec Ervin Laszlo dans *Va par où tu ne sais pas*, *op. cit.*

— C'est un peu comme avec un *portable*, il faut juste appeler le *bon numéro* ou être appelé par le *bon numéro*...

Grabovoï comparait ensuite l'homme à « un opérateur qui utilise sa clairvoyance pour faire ses recherches dans le Réseau cosmique. La vitesse y est tellement grande que la réponse arrive instantanément. »

— Que dire alors des découvertes faites par des hommes qui ne sont pas clairvoyants ? lui demandait Arkady Petrov.

Une idée brillante vient à l'esprit d'un homme et il fait une découverte. Cette idée, cette réponse à ses recherches vient certainement de la même base de données, celle du *Réseau cosmique*. Et dans ce sens, la réponse ne vient pas par hasard, mais elle est souvent obtenue à la suite de longues années de recherches et d'un travail acharné.

Il est néanmoins possible de savoir à l'avance quand viendra la réponse et si elle viendra.

Il faut avouer que cet accès à la base de données est malheureusement aléatoire car on ne peut ni la contrôler ni la gérer.

Grabovoï avait alors fait une comparaison éclairante :

— Deux hommes ont besoin d'eau. L'un d'eux tend les mains, les met en avant et attend qu'il pleuve.

L'autre est au courant qu'il y a un réseau d'alimentation et il sait comment l'utiliser. S'il a besoin d'eau, il ouvre le robinet et remplit un verre, un seau ou un réservoir autant qu'il lui en faut.

Par conséquent, il faut connaître la procédure standard d'accès à l'information, car les questions sont trop nombreuses et les percées aléatoires donnant les réponses sont très rares…

Grabovoï avait comparé la clairvoyance avec ce Réseau cosmique où l'on pouvait trouver la réponse à toutes nos questions, sans doute à titre illustratif, car cette comparaison reflétait plutôt l'aspect extérieur du phénomène, avait-il souligné. Pas la profondeur réelle, ni ses multiples variations.

Et ceci l'avait obligé à préciser certains points.

Il avait repris cette idée initiale comme une possibilité. Mais il avait aussi proposé d'autres méthodes :

— On peut aussi prendre l'information directement là où se trouve le transmetteur de cette information.

Faisait-il allusion à tous les guides et clairvoyants dont il faisait partie ?

Je n'eus pas le temps de m'étendre sur ce sujet, car il développa un élément qui me cloua sur place :

— L'information existe déjà dans le statut de celui qui pose la question.

C'est-à-dire qu'elle constitue une connaissance directe, non encore déchiffrée ni assimilée par l'homme, mais qui détermine déjà son comportement.

Tout de suite, je pensai à Satprem lorsqu'il disait : « La réponse se trouve dans la question. » Cette réflexion me ramena à l'esprit la théorie des futurs possibles et de la rétrocausalité de Philippe Guillemant : même si nous ne vivions qu'une seule version de notre histoire, il pouvait en exister plusieurs sous forme d'informations réelles, dans la mesure où, par notre libre arbitre, nous pourrions créer un nouveau futur dont l'influence entrerait en conflit avec celui qui nous « aspirait » sur un chemin tout tracé.

Le célèbre Yi-king en offrait une stratégie subtile[1].

— Pour comprendre instantanément cette information et pouvoir l'utiliser, avait ajouté Grabovoï, l'homme doit posséder un très haut niveau de conscience.

« Imagine une feuille blanche. Les réponses vont s'y inscrire. C'est l'intensité de tes questions qui les fera naître », avait prédit l'ange…

Cette fois, j'avais enfin compris…

---

1. Manuel chinois que l'on pourrait traduire par « Livre des transformations ». Il s'agit d'un système de signes binaires qui peut être utilisé pour faire des divinations.

Chapitre 19

Sud de la France, fin août 2020…

Il ne me reste plus que quelques jours pour finir cette enquête. Arkady n'a pas encore répondu. Sans doute ne le fera-t-il pas, car je connais les réponses. Elles me sont venues au fur et à mesure, déplacées dans le temps.

Le cœur nous a unis, lui et son équipe, ainsi que tous ces chercheurs en l'espace de ces quelques semaines, de ces quelques années, de ces poussières de temps face aux étoiles. Il m'a permis d'écouter et d'entendre différemment, de prendre le temps de lire entre les lignes, de ne pas chercher trop à comprendre.

Paul n'est jamais loin. Ni Carlo, ni Ervin, ni tous ceux que j'ai eu la chance de trouver sur mon chemin. Et je partage depuis longtemps mes jours avec J-M, le cousin de Satprem, comme un clin d'œil subtil du destin…

Nous avons choisi ceux qui nous accompagnent sans toujours très bien savoir, dans la joie ou la souffrance, en fonction des résonances qu'ils faisaient vibrer en nous. Souvent, nous nous guérissions ensemble. À présent, nous nous pardonnons, génération après génération. Nous pratiquons la résilience. Nous unissons nos forces.

« Le pouvoir que je suis en train de développer, avait dit Sri Aurobindo au début du siècle dernier, s'il arrive à porter ses fruits, sera capable d'accomplir automatiquement ses effets par n'importe quelle méthode choisie[1]. »

Le grand visionnaire ne s'attribuait pas ce pouvoir – il va de soi – à titre personnel. Il n'en était que le dépositaire, le temps de son incarnation, par le biais d'une méthode qui lui avait été inspirée par une révélation lors de son emprisonnement[2] : celle-ci permettait de faire descendre cette force suprême d'Amour et de Vérité dans les cellules du corps par un travail de conscience acharné, porté par la pureté de la foi dans le divin et les possibilités qu'elle ouvrait en nous.

Était-ce une résultante de l'enseignement christique, fruit de l'évolution ? La sémantique compliquant les choses à force de vouloir tout séparer, il s'agissait de quelque chose qui, en tout cas, pouvait y ressembler si l'on considérait ce *modus operandi* d'un point de vue à la fois psychique (*pneumatique*, devrais-je dire) et biologique.

Cette forcc à l'œuvre n'était-elle pas tout simplement l'application pratique de l'Amour, pure Vérité lorsqu'il pénètre dans le corps en tant que

1. Thérèse Brosse, *op. cit.*, p. 340.

2. Satprem, *Sri Aurobindo ou L'Aventure de la conscience*, Buchet/Chastel, 2003. La première édition de ce titre a été publiée en 1983.

substance de l'univers, ou pour ceux qui préfèrent le langage scientifique, le code épigénétique parfait qui opérait dans la matière ?

Ceux qui regardent le monde aujourd'hui avec leurs yeux intérieurs voient, malgré les résurgences sinistres de surface, que nous y sommes…

Chapitre 20

L'heure est venue où des humains ordinaires prendront leur destin en main au nom des autres, où ils comprendront que ce qui arrive à l'un se reflète en l'autre, que les épreuves, les souffrances, au lieu de les affaiblir, ouvrent un chemin à une question qu'ils ne se posaient guère jusque-là : qu'est-ce qui, en moi, a permis cela ?

Alors ils cesseront d'être victimes pour devenir ces observateurs éclairés sur les traces des sages et des prophètes qui les ont précédés. Ils prendront leur bâton de pèlerin, revenant à l'essentiel, toute crainte balayée sachant qu'ils ne pourront tout résoudre dans leur propre vie, mais qu'une partie du fardeau pourra être confiée à l'autorité bienveillante du ciel, pour dire les choses de manière romanesque.

« La demande de celui qui ne demande pas pour lui-même atteint le ciel », disait l'ange[1].

---

1. Extrait de la conférence en ligne « Créons notre futur » de Marguerite Kardos et de Philippe Guillemant, 17 octobre 2020.

Dans ces heures mouvantes où les extrêmes s'affrontent, subsiste en effet cette voie au « plus haut de Soi » cachée dans le secret des cœurs. Elle ne fait pas de bruit, ne s'exprime pas par des paroles, mais en actes, en vibration subtile. Elle est une présence. Une certaine qualité d'être. Un souffle silencieux qui opère par le cœur, équilibrant toutes les régions du corps, diffusant ses rayons sur des longueurs subtiles aussi vastes que l'infini, instruisant tout sur son passage, unifiant ceux qu'elle touche, propageant ses bienfaits au-delà des vivants et des morts.

Nous n'avons plus le temps de la nostalgie. Elle demeure dans le secret de nos corps comme les pépites d'un autre temps. Un temps qui nous a construits et menés là où nous sommes : dans cette « contagion du cœur » qui nous guide en filigrane vers une joie commune partagée.

Je ne sais pas si je vivrai cet âge d'or qui se prépare, comme une enveloppe invisible sur l'image amère du monde actuel, mais lorsque je regarde ou que je tiens dans mes bras cette petite *promesse aux joues rondes*, que son sourire s'ouvre spontanément vers la vie, je comprends qu'elle est déjà le ciel...

Partout dans le monde, au milieu des catastrophes, des peurs, des souffrances, de ces confusions destructrices relayées par les réseaux sociaux et les médias, des voix surgissent, des actions, des rassemblements, pour dire les choses autrement. Pour les vivre autrement. Une nouvelle résistance s'organise. À l'aide de réseaux inédits axés sur l'entraide et la compassion, d'associations, de mouvements citoyens, de forces audacieuses inspirées par le besoin d'harmonie et portées par de nouveaux acteurs de l'unité, soldats de l'ombre, membres des sociétés civiles et lanceurs d'alerte, héros ordinaires, vous et moi. Cette résistance ira jusqu'au bout, sans crainte, nourrie de cette hauteur de vue générée par cette conscience plus élevée, par ce vent d'Amour qui a créé la vie à travers le cœur. Rien ne peut plus l'arrêter.

« On n'a pas besoin d'aller au-delà de la nature, ni au-delà de l'univers », rappelait Ervin, il y a peu. L'univers est déjà un organisme vivant et évolutif. Son Esprit, « l'étincelle divine » comme l'appellent les Japonais, est déjà en chacune de nos cellules, chaque atome, chaque quantum qui forme son noyau. Tout est déjà en nous. Et il ajoutait avec ferveur : « aujourd'hui plus que jamais, nous avons la chance de pouvoir créer un monde meilleur, car l'ancien monde est bouleversé. Il est prêt au renouveau et mûr peut-être, pour être intégralement remplacé.

Heureusement, nous pouvons le créer en commençant par nous-mêmes. La clé, c'est d'élargir notre identité. Nous ne sommes pas des êtres finis enfermés dans des peaux, ici maintenant et demain ailleurs, mais les parties intrinsèques d'un Tout infiniment plus grand et dynamique : le réseau de la vie sur terre.

Pour la première fois dans l'histoire du vivant sur cette planète, nous pouvons orienter notre évolution consciemment et avec un objectif précis. Cela est rendu possible car nous pouvons consciemment et avec cet objectif, nous connecter avec l'impulsion qui conduit l'évolution sur Terre.

Élargissez votre identité pour devenir partie intégrante de l'immense vague d'évolution sur la planète !

Alors, vous aurez la clé pour contribuer à « être mieux » en vous-mêmes dans le contexte d'un bien-être meilleur pour tous, en réalisant que les autres sont vraiment une partie de vous, comme vous êtes une partie d'eux-mêmes[1]. »

Il est temps de faire sien ce message, même s'il peut apparaître difficilement réalisable. Nous ne soupçonnons pas à quel point nous pouvons élever nos fréquences. À quel point nous sommes Un et pourrions retourner à cette unité. Si nous l'expérimentons à temps, nous pouvons changer de direction. La Source est Une. Et nous sommes les parties de ce Tout.

C'est la graine d'harmonie partout distribuée dont parlait Gennady Graba, la cohérence des cœurs reliés au champ terrestre qu'évoquait Rollin Mac Craty, c'est l'instruction vitale dans la cellule à l'instant T, qu'avait découverte Pier Mario Biava. C'est ce grand mystère des corps qui consiste à vivre pour aimer. Par amour de la vie. En dépit des tragédies qui viennent parfois *télécharger* nos vies pour les agrandir, les élever, les reformater. « *Les victimes sont des deux côtés du fusil* », dit un adage. Nous sommes guidés par cette nouvelle conscience. Cette sorte de code divin, d'instruction venue du ciel. Laissons-le enfin parler

1. Ervin Laszlo pour le nouveau réseau social international «People together» - wisdom council.

à travers nos cœurs pour nous façonner à sa guise, sans crainte. Oui, car il n'y a rien à craindre, sauf ce qui vient de l'homme. Et sera sauvé par lui.

« Réveillez-vous, c'est l'heure de l'inattendu ! » disait Sri Aurobindo à l'aube du siècle dernier…

Remerciements

Je tiens à remercier de tout cœur tous ceux qui m'ont accompagnée sur ce chemin, à commencer par mon éditeur Florent Massot et ses collaboratrices, Giulia Manasse et Hélène Bouchoucha, ainsi que son éditrice, Marie Raimbault pour son regard aigü et bienveillant.

Ma gratitude s'adresse aussi au professeur Ervin Laszlo, le philosophe des sciences qui m'a ouvert la porte des scientifiques d'avant-garde mentionnés dans mes deux derniers ouvrages, ainsi qu'à mes amis Hugues de Montal qui m'a fait découvrir Satprem et Alix Poniatowski pour ses conseils avisés.

Par ailleurs, lors de mes recherches, j'ai eu le privilège d'interviewer plusieurs êtres d'exception qui pratiquaient déjà « la contagion du cœur » sous diverses formes, mais que je n'ai pu intégrer pour ne pas étirer à l'infini les pages de ce livre.

Qu'ils soient remerciés du fond du cœur pour la qualité, la singularité de leurs transmissions et le temps qu'ils m'ont consacrés.

Je recommande vivement à celles et ceux qui sont guidés par un esprit d'ouverture deux personnes en particulier :

Kat'ytaya Catitu Tayassu, afro-amérindienne de la tribu disparue des animistes Py'aroba, est enseignante, thérapeute et autrefois chercheuse universitaire dans les domaines des sciences de l'éducation et des humanités (histoire culturelle, anthropologie et linguistique). Elle incarne un art de vivre ancien avec les chamanes des étoiles, les peuples des nuages et les sorciers d'antan. Vous pouvez la contacter à cette adresse : catitaya@ntymail.com

Valérie Mallet est écrivain et porte-paroles d'informations qu'elle capte depuis d'autres champs de consciences. Son site www.dialogues.news publie les messages qu'elle reçoit. Les articles lus avec le cœur apportent de profonds éclairages aux âmes qui s'interrogent sur elles-mêmes et sur le monde actuel.

Table des matières

Première partie

L'intuition du cœur : une évidence à démontrer 11

Chapitre 1 13
Chapitre 2 18
Chapitre 3 23
Chapitre 4 32
Chapitre 5 35
Chapitre 6 40
Chapitre 7 46
Chapitre 8 49
Chapitre 9 56
Chapitre 10 60
Chapitre 11 65
Chapitre 12 70
Chapitre 13 75
Chapitre 14 79
Chapitre 15 83
Chapitre 16 87
Chapitre 17 95

Chapitre 18 100
Chapitre 19 104
Chapitre 20 107

Deuxième partie

La conscience du cœur : une cognition subtile et un organe de cohérence créant une harmonie tout au long de la vie 111

Chapitre 1 113
Chapitre 2 117
Chapitre 3 122
Chapitre 4 125
Chapitre 5 133
Chapitre 6 137
Chapitre 7 140
Chapitre 8 144
Chapitre 9 150
Chapitre 10 157
Chapitre 11 161
Chapitre 12 167
Chapitre 13 171
Chapitre 14 176
Chapitre 15 182
Chapitre 16 188
Chapitre 17 192
Chapitre 18 198

Troisième partie

La transcendance du cœur : moteur de transformation et force d'Amour d'une puissance infinie 203

Chapitre 1 205
Chapitre 2 213
Chapitre 3 220
Chapitre 4 223
Chapitre 5 232
Chapitre 6 238
Chapitre 7 241
Chapitre 8 243
Chapitre 9 246
Chapitre 10 248
Chapitre 11 254
Chapitre 12 259
Chapitre 13 264
Chapitre 14 270
Chapitre 15 277
Chapitre 16 280
Chapitre 17 294
Chapitre 18 300
Chapitre 19 304
Chapitre 20 307

Remerciements 313

13496

Composition
PCA

Achevé d'imprimer en Slovaquie
par NOVOPRINT SLK
le 11 avril 2022

Dépôt légal : mai 2022
EAN 9782290363683
L21EPEN000476N001

ÉDITIONS J'AI LU
87, quai Panhard-et-Levassor, 75013 Paris

Diffusion France et étranger : Flammarion